《经典诵读三百篇》编委会

主　　任：邵　宜

副 主 任：莫海斌　蔡　丽

委　　员（按姓氏音序排列）：

常芳清　戴　薇　李卫涛　刘玉红　卢　艳

马绍琅　孙　英　田　蔚

示范朗读（按姓氏音序排列）：

戴　薇　郜　楠　陆圆圆　邵　宜　田　蔚

王涤非　伍　畇

华文教育专业规划教材

经典诵读

三百篇

（第四册）

总主编 邵宜
副总主编 蔡丽
分册主编 刘玉红

编写人员（按姓氏音序排列）：
蔡　丽　常芳清　戴　薇　李卫涛
刘玉红　邵　宜　孙　英　田　蔚

暨南大學出版社
JINAN UNIVERSITY PRESS
中国·广州

图书在版编目（CIP）数据

经典诵读三百篇．第四册/邵宜总主编；蔡丽副总主编．—广州：暨南大学出版社，2022.1
华文教育专业规划教材
ISBN 978－7－5668－3085－2

Ⅰ.①经… Ⅱ.①邵…②蔡… Ⅲ.①中华文化—华文教育—教材 Ⅳ.①K203

中国版本图书馆 CIP 数据核字（2020）第 267864 号

经典诵读三百篇（第四册）
JINGDIAN SONGDU SANBAIPIAN（DI-SI CE）
总主编：邵　宜　副总主编：蔡　丽

....

出 版 人：张晋升
策划编辑：杜小陆
责任编辑：陈俞潼
责任校对：周海燕　彭琳惠
责任印制：周一丹　郑玉婷

出版发行：暨南大学出版社（510630）
电　　话：总编室（8620）85221601
营销部（8620）85225284　85228291　85228292　85226712
传　　真：（8620）85221583（办公室）　85223774（营销部）
网　　址：http：//www. jnupress. com
排　　版：广州良弓广告有限公司
印　　刷：广州市穗彩印务有限公司
开　　本：850mm×1168mm　1/16
印　　张：11. 25
字　　数：288 千
版　　次：2022 年 1 月第 1 版
印　　次：2022 年 1 月第 1 次
定　　价：39. 80 元

编写说明

为适应海外华文教育发展的需要，暨南大学于2005年在国内首开华文教育专业。该专业致力于培养具备华文教育的基本知识和专业技能，具有较强的汉语应用能力，熟悉中国文化，能从事华文教育、学校教学管理、汉语应用等方面工作的应用型人才。

“朔南暨，声教讫于四海。”华文教育专业的学生既是以汉语为第二语言的学习者，又是以汉语为教学语言的准教育工作者，他们对中华经典的学习能力不同于汉语母语者，而对中华经典的理解和掌握要求又高于普通的留学生。我们希望华文教育专业的毕业生能够承担海外华校各类日常教学工作，能够把中华优秀传统文化带到五湖四海。因此，我们在华文教育专业人才培养方案中设置了“经典诵读”这门课，该课程为实践训练类课程，通过连续六个学期每日早读的形式开展，旨在引导并要求本专业学生能够诵读中国文学和文化经典。本丛书正是暨南大学华文学院华文教育系面向华文教育专业“经典诵读”课程专门编写的。

本丛书共6册，每册编选50篇，总称“经典诵读三百篇”。选篇首先考虑满足华文教育专业教学实际需要，适合华文教育专业学生（含全日制、境外兼读制）诵读中华经典的需求，同时也可供海外有志于从事华文教育工作者修读研习。每册各设置基础篇（20篇）、巩固篇（20篇）、提高篇（10篇）三部分，以满足华文教育专业同一年级学生不同汉语水平的需要。

本丛书各册选篇均以背诵为主，兼顾朗读。“操千曲而后晓声，观千剑而后识器”，唯有通过大量的背诵和朗读，才能在训练汉语语音、语调的同时积累诗词曲赋，提升中华文学素养，进而逐步深化对中华文化的认识。背诵的篇目以韵文为主，包括儿歌、古诗词、短小的古文篇什等；朗读的篇目则主要包括较长的古诗、古文名篇以及现代诗歌、散文名篇等。其中，各册基础篇以适合背诵的篇目为主，选目多为绝句、儿歌、韵文、律诗；巩固篇是以背诵为主、朗诵为辅，选目多为律诗、古体诗、词、现代诗、现代散文等；提高篇是以朗诵为主、背诵为辅（主要是名段背诵），选目多为传统文化典籍、古代散文、现代文名篇的选文等。

本丛书选篇的主要原则如下：其一，注重中华文化传播的任务。突出正面引导，注重美好道德，强调现代意义。优选脍炙人口的名家名篇，注意古今搭配，注意题材、体裁、风格、朝代及作者的适度分布。其二，充分考虑学生的汉语水平、文化理解与接受能力。纵向来看，

1～6册学习难度逐渐提升；横向而言，一册之内基础篇、巩固篇、提高篇难度也有所区别。其三，联系学习实际，注重海外华文教学对中华经典的需求。考虑该专业学生今后教学工作的需要以及主要教学群体的特点，除编选经典诗词、散文外，适当收入代表性儿歌、童谣、经典蒙学作品、儒家经典等。

本丛书注重学生的自主阅读能力培养。为了尽快培养学生良好的中文阅读习惯与能力，除在第一册基础篇的正文部分全部标写拼音之外，其余各处只为超纲词、易读错的多音字词标注拼音。在诵读的文本正文之后，为帮助学生理解和自主阅读，设置有“词语解释”“古诗（古词、古文）今译”“作者简介”“作品赏析”“经典名句”“诵读指引”等环节。这些环节讲求言简意赅，生动形象，突出重点。

本丛书探索互动参与式教材编写机制，全部配图均选自在试用阶段面向使用者征集的作品，由丛书编写团队挑选最能体现文意的作品作为教材出版时的配图，风格多元，以不同角度呈现作品的意境。同时，动态征集与作品配套的音频与视频作品，使教材同时成为使用者的展示平台，促进使用者与编写者的互动交流，促使使用者深度融入教材及作品，有利于教学效果的最大化实现。

“腹有诗书气自华”，通过三年的逐步积累，华文教育专业学生对三百篇中华文化经典了然于胸。我们希望使用本丛书的学习者能够在对中华经典的诵读过程中，谛听来自古人的智慧，愉悦自己的身心；期待诵读经典的学生能把中华文化和所在国文化融合起来，为促进中外文化交流、构建美好的人类命运共同体贡献自己的一份力量。

《经典诵读三百篇》编委会

2021年12月

目录

经典诵读三百篇（第四册）

基础篇

二十四节气歌

J－1

（绘图：2018 级泰国学生　王玲玲）

立春花开，雨水来淋；

惊蛰(zhé)春雷，蛙叫春分；

清明犁(lí)田[1]，谷雨春茶；

立夏耕田，小满灌(guàn)水；

芒种(zhòng)看果，夏至看禾；

小暑谷熟，大暑忙收；

立秋之前，种完番豆[2]；

处(chǔ)暑莳(shí)田[3]，白露耘(yún)田[4]；

秋分看禾，寒露前结；

shuāng
霜降一冷，立冬打禾[5]；
小大雪闲，等过冬年；
小寒一年，大寒团圆。

词语解释

［1］犁田：翻地。
［2］番豆：花生。
［3］莳田：种禾稻。
［4］耘田：在种完禾稻之后的一段时间，要把稻田里的杂草拔掉，把长得太多的禾苗拔掉一些，扶正禾稻，保持行与行之间的距离，然后施肥。
［5］打禾：收稻谷。

古诗今译

立春的时候百花开始绽放，雨水的时候开始下春雨。
惊蛰到来春雷会响起，春分是青蛙开始叫的时候。
清明时节农夫开始犁田，谷雨的时候是采春茶的好日子。
立夏时农田可以耕作了，小满时可以向农田灌水。
芒种的时候播种谷物，夏至的时候长出禾苗。
小暑天气热起来，谷物逐渐成熟，大暑就可以着手收割。
立秋之前，要种完花生。
处暑种禾稻，白露时把稻田的杂草拔掉。
秋分时农田到处都是金黄的丰收景色，寒露时各种作物都有了收成。
霜降时天气马上就冷了下来，立冬之前要把作物收好。
小雪和大雪时节是农闲的时候，大家就等着过年了。
小寒进入一年最冷的时候，到了大寒就已接近春节家人团圆时。

作品赏析

二十四节气歌，是为便于记忆中国古时历法中二十四节气而编成的小诗歌，民间从北到南流传至今有多种版本。节气具体是指二十四时节和气候，是中国古代订立的一种用来表示季节变迁及指导农事的历法，是中国古代劳动人民长期经验的积累和智慧的结晶。中国古代农业灌溉依托于河流，农耕主要集中于长江、黄河等流域。二十四节气在中国漫长的农耕社会中，发挥了重要的作用。直到现在，这些地区的农民仍然按照节气配合气温、降水等来从事农业生产。

经典名句

立春花开，雨水来淋；
惊蛰春雷，蛙叫春分。

诵读指引

《二十四节气歌》是中国古代劳动人民长期经验的积累和智慧的结晶，全部是四字一句，节奏比较统一，各句均采用二二式节奏，可读为：

二十四/节气歌

立春/花开，雨水/来淋；
惊蛰/春雷，蛙叫/春分；
清明/犁田，谷雨/春茶；
立夏/耕田，小满/灌水；
芒种/看果，夏至/看禾；
小暑/谷熟，大暑/忙收；
立秋/之前，种完/番豆；
处暑/莳田，白露/耘田；
秋分/看禾，寒露/前结；
霜降/一冷，立冬/打禾；
小大/雪闲，等过/冬年；
小寒/一年，大寒/团圆。

《增广贤文》节选

J-2

一年之计在于春，一日之计在于晨。
一家之计在于和，一生之计在于勤。

责人之心责己，恕(shù)[1]己之心恕人。
守口如瓶，防意如城。
宁可人负我，切莫我负人。

再三须慎(shèn)[2]意，第一莫欺心。

虎生犹可近，人熟不堪(kān)[3]亲。
来说是非者，便是是非人。
远水难救近火，远亲不如近邻。

（绘图：2017级印度尼西亚学生　陈丽丽）

词语解释

［1］恕：原谅。
［2］慎：谨慎，慎重。
［3］堪：忍受，承受。

古文今译

一年最好的时光在春天，一天最好的时光在早晨。
一家最好的东西是和睦，人的一生最重要的是勤劳。
用责备别人的态度责备自己，用原谅自己的态度对待别人。
要像瓶口那样不轻易开口，要像城防那样时时戒备。
宁可别人对不起我，不要我对不起别人。
做事必须再三考虑慎重对待，不要自己欺骗自己。
与没见过的老虎还可以亲近，但再熟悉的人也应适当保持距离。
四处传播是非的人，便是挑拨是非的人。
用远水救火是难办到的，远处的亲戚也不如近处的邻居有帮助。

作品赏析

《增广贤文》是选编有韵的谚语和文献佳句而成，其内容广泛丰富，从道德礼仪、典章制度到风物典故、天文地理，无所不含，而且语句通俗易懂，其中心是讲人生哲学、待人接物、处世之道的。其中一些谚语、俗语反映了中华民族千百年来形成的善良朴实、吃苦耐劳等精神传统，如“一家之计在于和，一生之计在于勤”等；许多关于社会、人生方面的内容，成为警世喻人的格言，如“责人之心责己，恕己之心恕人”等。这些观点主要体现了儒家精神，但全书内容比较庞杂，不同思想的人都可以从中看到自己认可的格言，使之被广泛接受。

经典名句

一年之计在于春，一日之计在于晨。
一家之计在于和，一生之计在于勤。

诵读指引

《增广贤文》是谚语、俗语的汇编，是人们总结出来的简明生动的哲理式科学知识，具有口语化的特点，朗读时节奏要明快。具体节奏如下：

《增广贤文》/节选

一年/之计/在于/春，一日/之计/在于/晨。
一家/之计/在于/和，一生/之计/在于/勤。
责人/之心/责己，恕己/之心/恕人。
守口/如瓶，防意/如城。
宁可/人负我，切莫/我负人。
再三/须慎意，第一/莫欺心。
虎生/犹可近，人熟/不堪亲。
来说/是非者，便是/是非人。
远水/难救/近火，远亲/不如/近邻。

《千字文》选段

J－3

（南北朝）周兴嗣

（绘图：2018 级泰国学生　王玲玲）

天地玄黄，宇宙洪荒。
日月盈昃(zè)[1]，辰宿(xiù)[2]列张。
寒来暑往，秋收冬藏(cáng)。
闰(rùn)[3]余成岁，律吕调(tiáo)阳。
云腾致雨，露结为霜。
金生丽水，玉出昆冈。
剑号巨阙(quē)[4]，珠称夜光[5]。
果珍李柰(nài)，菜重(zhòng)芥(jiè)姜。
海咸河淡，鳞潜羽翔。

龙师火帝，鸟官人皇。
始制文字，乃服衣裳。
推位让国，有虞(yú)[6]陶唐。
吊民伐罪，周发殷(yīn)汤。
坐朝问道，垂拱平章。
爱育黎首，臣伏戎羌。
遐(xiá)迩(ěr)[7]一体，率宾归王。
鸣凤在竹，白驹(jū)食场。
化被草木，赖及万方。

词语解释

[1] 盈昃：盈，指月亮圆满。昃，指太阳西斜。

[2] 辰宿：星宿，星座。

[3] 闰：地球公转一周的时间为365天5时48分46秒。阳历每年为365天，所余的时间约每四年积累一天，加在二月里，叫闰日。农历一年为354天或355天，所余的时间约每三年积累成一个月，加在某一年里，叫闰月。有闰日或闰月的那一年叫闰年。这样的办法在历法上叫作“闰”。

[4] 巨阙：越王允常命欧冶子铸造了五把宝剑，都锋利无比，第一为巨阙。

[5] 夜光：《搜神记》中说，隋侯救了一条受伤的大蛇，后来大蛇衔了一颗珍珠来报答他的救命之恩，那颗珍珠夜间放射出的光芒能照亮整个殿堂，人称“夜光珠”。

[6] 有虞：指虞舜，虞舜英明无私，主动把君位禅让给功臣贤人。

[7] 遐迩：远近。~闻名（形容名声大）。

古文今译

天是青黑色的，地是黄色的，宇宙形成于混沌蒙昧的状态中。太阳正了又斜，月亮圆了又缺，星辰布满在无边无际的太空中。

寒暑来了又去，去了又来，循环变换；秋天收割庄稼，冬天储藏粮食。积累数年的闰余并成一个月，放在闰年里；古人用六律六吕来给音乐定调和定时间。

云气上升遇冷就形成了雨，晚上露水遇冷就凝结成霜。黄金产自金沙江，玉石出自昆仑山岗。

最锋利的宝剑叫“巨阙”，最贵重的明珠叫“夜光”。水果里最珍贵的是李子和柰子，蔬菜中最重要的是芥菜和生姜。

海水是咸的，河水是淡的，鱼儿在水中潜游，鸟儿在空中飞翔。龙师、火帝、鸟官、人皇，都是上古时代的帝皇官员。

仓颉(jié)创造了文字，嫘(léi)祖制作了衣裳。唐尧、虞舜英明无私，主动把君位禅让给有能力的功臣和贤明之人。

安抚百姓、讨伐暴君的是周武王姬发和商王成汤。贤明的君主坐在朝廷上向大臣们询问治国之道，垂衣拱手，毫不费力就能使天下太平，功绩彰著。

他们爱惜老百姓，使四方各族人都俯首称臣。普天之下都统一为一个整体，所有的老百姓都服服帖帖地归顺于他们的统治。

凤凰在竹林中欢乐地鸣叫，小白马在草场上自由自在地吃草。圣君贤王的仁德之治使草木都沾受了恩惠，君王的恩泽遍及天下百姓。

作者简介

周兴嗣

字、号：字思纂

籍贯：陈郡项人（今河南沈丘）

生卒年：469—537

身份：南朝大臣、史学家

代表作：《千字文》

作品赏析

《千字文》是南北朝时期周兴嗣从王羲之书法作品中选取1 000个不重复的汉字所作的一篇长韵文。全文每句均为四字，对仗工整，内容丰富，是中国古代蒙学读物，与《三字经》《百家姓》并称为“中国传统蒙学三大读物”，合称“三百千”。

《千字文》先从天地开辟讲起。有了天地，就有了天上日月、星辰、云雨、霜雾和四时寒暑的变化；也就有了大地上的金玉、铁器（剑）、珍宝、果品、菜蔬，以及江河湖海、飞鸟游鱼；天地之间也就出现了人和时代的变迁。在此，《千字文》讲述了人类的早期历史和商汤、周武王时盛世的表现，即文中所说的“坐朝问道，垂拱平章。爱育黎首，臣伏戎羌。遐迩一体，率宾归王。鸣凤在竹，白驹食场。化被草木，赖及万方”。

经典名句

寒来暑往，秋收冬藏。
闰余成岁，律吕调阳。

诵读指引

《千字文》是儿童启蒙读物，全部是四字一句，节奏比较统一，各句均可采用二二式节奏。诵读时注意声韵饱满、抑扬顿挫、节奏分明、凸显韵脚。

《千字文》/选段

天地/玄黄，宇宙/洪荒。
日月/盈昃，辰宿/列张。
寒来/暑往，秋收/冬藏。
闰余/成岁，律吕/调阳。
云腾/致雨，露结/为霜。
金生/丽水，玉出/昆冈。
剑号/巨阙，珠称/夜光。
果珍/李柰，菜重/芥姜。
海咸/河淡，鳞潜/羽翔。
龙师/火帝，鸟官/人皇。

始制/文字，乃服/衣裳。
推位/让国，有虞/陶唐。
吊民/伐罪，周发/殷汤。
坐朝/问道，垂拱/平章。
爱育/黎首，臣伏/戎羌。
遐迩/一体，率宾/归王。
鸣凤/在竹，白驹/食场。
化被/草木，赖及/万方。

《声律启蒙》选段

J－4

（清）车万育

《三江》节选第一段

楼对阁，户对窗，巨海对长江。

蓉[1]裳对蕙(huì)[2]帐，玉斝(jiǎ)[3]对银釭(gāng)[4]。

青布幔(màn)，碧油幢(chuáng)[5]，宝剑对金缸[6]。

忠心安社稷(jì)[7]，利口[8]覆(fù)家邦[9]。

世祖中兴延马武，桀(jié)王失道杀龙逄(páng)。

秋雨潇潇，漫烂黄花[10]都满径；

春风袅(niǎo)袅，扶疏[11]绿竹正盈窗。

（绘图：2018 级泰国学生　王玲玲）

词语解释

［1］蓉：芙蓉。

［2］蕙：又名蕙兰、佩兰，一种兰花。古人认为“蓉”和“蕙”都是君子喜欢佩带的香草。

［3］斝：古代一种铜制的饮酒的器具。

［4］釭：古代的一种灯盏。

［5］幢：古代一种用羽毛作装饰的用于仪仗的旗帜。

［6］缸：原文作“缸”，疑有误，应为“釭”。金釭，表示金色的箭镞（即箭头）。

［7］社稷：国家。社和稷分别指祭祀土神和谷神的庙，是国家最重要的神庙，用以代指国家。

［8］利口：能言善辩的嘴，或者尖刻的言论。常代指只说不做的清谈家。

［9］家邦：国家。邦，国。

［10］黄花：此处特指菊花。

［11］扶疏：植物高低不平、错落有致的样子。

古文今译

楼和阁相对，户和窗相对，浩瀚的大海和长江相对。蓉裳和蕙帐相对，玉制的酒器和银制的灯盏相对。青色的布幔对应着碧绿的油幢，锋利的宝剑和金色的箭镞相对。忠诚之心能使江山安定，尖利的嘴使国和家都毁灭。马武最初是绿林军的麾下将领，后来看到光武帝刘秀执政有方，就归顺于刘秀，而夏朝桀王荒淫无道，忠臣关龙逄多次直言进谏，却被桀王处死了。秋风冷雨，黄花飘落铺满山路；春风拂动，茂盛的绿竹正遮挡住窗户。

作者简介

车万育

字、号： 字双亭，号鹤田

籍贯： 湖南邵阳

生卒年： 1632—1705

身份： 清代朝廷军事顾问、书法家、收藏家

代表作：《声律启蒙》

作品赏析

诗词和对联是中国古代重要的文学形式，两千多年来一直薪火相传，至今仍具有强大的生命力。在古代，自私塾的幼童起就开始这种文学修养的训练。诗词和对联对声调、音律、格律等都有严格的要求，因此，一些声律方面的著作也应运而生，而其中清朝康熙年间车万育所作的《声律启蒙》，则是其中较有代表性的一种。它按韵分编，包括天文、地理、花木、鸟兽、人物、器物等虚实应对，从单字对到双字对、三字对、五字对、七字对再到十一字对，层层属对，声韵协调，朗朗上口。它较其他全用三言、四言句式的作品更见韵味，在启蒙读物中独具一格，经久不衰。明清以来，如《训蒙骈句》《笠翁对韵》等书，都采用这种方式编写，并得以广泛流传。

经典名句

秋雨潇潇，漫烂黄花都满径；
春风袅袅，扶疏绿竹正盈窗。

诵读指引

本篇节选内容包括三字对、四字对、五字对、七字对，诵读时注意声韵协调，停顿恰当，如唱歌一般，朗朗上口。每句尾字押韵（窗、江、帐、釭、幢、缸、邦、逢、窗），注意声韵饱满，凸显韵脚。具体节奏可如下：

《声律/启蒙》节选

《三江》/节选/第一段

楼/对/阁，户/对/窗，巨海/对/长江。
蓉裳/对/蕙帐，玉斝/对/银釭。
青布/幔，碧油/幢，宝剑/对/金缸。
忠心/安/社稷，利口/覆/家邦。
世祖/中兴/延马武，桀王/失道/杀龙逢。
秋雨/潇潇，漫烂/黄花/都满径；
春风/袅袅，扶疏/绿竹/正盈窗。

泊船[1]瓜洲

J-5

(宋) 王安石

京口[2]瓜洲[3]一水间[4]，

钟山[5]只隔数重(chóng)山。

春风又绿[6]江南岸，

明月何时照我还(huán)[7]？

(绘图：2018 级印度尼西亚学生　陈玲燕)

词语解释

[1] 泊船：停船。泊，停泊，停靠。

[2] 京口：古城名，故址在江苏省镇江市。

[3] 瓜洲：镇名，在长江北岸、扬州南郊，即今扬州市南部长江边，京杭运河分支入

江处。

［4］一水间：指一水相隔之间。一水，一条河。这里的“一水”指长江。

［5］钟山：今南京市紫金山。

［6］绿：吹绿。

［7］还：多音字，此处读“huán”，意为回到。

古诗今译

站在瓜洲渡口，放眼南望，京口和瓜洲之间只隔着一条长江，我所居住的钟山隐没在几座山峦的后面。和暖的春风又吹绿了江南的田野，明月什么时候才能照着我回到钟山下的家里？

作者简介

王安石

字、号：字介甫，号半山，别称“临川先生”

籍贯：抚州临川（今江西抚州）

生卒年：1021—1086

身份：宋代文学家、改革家、政治家

获荣誉称号：“唐宋八大家”之一

代表作：《临川先生文集》《临川集拾遗》等

作品赏析

《泊船瓜洲》是北宋文学家王安石创作的一首七言绝句。诗中第一句通过写京口和瓜洲距离之短及船行之快，表现出轻松、愉悦的心情；第二句写诗人回望居住地钟山，体现了依依不舍之情；第三句描写了春意盎然的江南景色，其中“绿”字是经过诗人反复推敲选用的，极具表现力；第四句以疑问语气结尾，再一次强调了对故乡的思念之情。全诗借景抒情，寓情于景，境界开阔，格调清新。

经典名句

春风又绿江南岸，明月何时照我还？

诵读指引

《泊船瓜洲》是北宋文学家、政治家王安石创作的一首情景交融的七言绝句。朗读时注意把握作者既对前途充满期望，又向往归隐故乡的心情，感情基调是轻松、愉悦的。

泊船/瓜洲

京口/瓜洲/一水间，（语调轻松，“间”重读，平行语势）
钟山/只隔/数重山。（语速缓慢，“数重山”重读，平行语势）
春风/又绿/江南岸，（语速加快，“绿”重读，上行语势）
明月/何时/照我还？（语速由快到慢，“照我还”重读，声音延长，读出疑问语气）

约　客[1]

J－6

（宋）赵师秀

黄梅时节[2]家家雨[3]，
青草池塘处处蛙[4]。
有约[5]不来过夜半，
闲敲棋子落灯花[6]。

（绘图：2018 级印度尼西亚学生　谢承良）

词语解释

［1］约客：邀请客人来相会。

［2］黄梅时节：农历四、五月间，江南梅子熟了，这段时间大都是阴雨绵绵，被称为“梅雨季节”，而江南的雨季也被称为“黄梅时节”，意思就是夏初江南梅子黄熟的那段时间。

［3］家家雨：形容处处都在下雨。

［4］处处蛙：到处是蛙声。

［5］有约：约好的客人。

［6］落灯花：旧时用油灯来照明，灯芯燃尽，落下来时好像一朵闪亮的小花。落，使……掉落。

古诗今译

梅子黄时，家家户户都被笼罩在雨中，长满青草的池塘边上，传来阵阵蛙声。已经过了午夜，约好的客人还没有来，我无聊地轻轻敲着棋子，使油灯灯芯燃尽结成的灯花掉落下来。

作者简介

赵师秀

字、号：字紫芝，号灵秀

籍贯：永嘉（今浙江温州）

生卒年：1170—1219

身份：南宋诗人

获荣誉称号：南宋“永嘉四灵”之一，人称“鬼才”

代表作：《约客》《数日》等

作品赏析

《约客》是南宋诗人赵师秀创作的一首七言绝句。这首诗写的是诗人在一个风雨交加的夏夜独自等待客人到来的情景。诗歌采用写景寄情的写法，前两句写景，从视觉和听觉两个方面描写了江南夏雨图，后两句写人物和事情，通过鲜明的动静对比，表达了诗人内心含而不露的寂寞之情。情景交融、清新隽永、耐人寻味。

经典名句

黄梅时节家家雨，青草池塘处处蛙。

诵读指引

《约客》是南宋诗人赵师秀创作的一首七言绝句，诗歌感情基调为闲适，朗读时要注意读出诗中蕴含的韵味。

约/客

黄梅/时节/家家雨，（语调轻松，“雨”重读，下行语势）
青草/池塘/处处蛙。（语调轻松，“蛙”轻读，平行语势）
有约/不来/过夜半，（语调无奈，“半”重读，上行语势）
闲敲/棋子/落灯花。（语调落寞，“花”轻读，延长声音，平行语势）

独坐敬亭山[1]

J－7

（唐）李白

众鸟高飞尽[2]，
孤云[3]独去闲[4]。
相看两不厌[5]，
只有敬亭山。

（绘图：2017级泰国学生　王婉婷）

词语解释

［1］敬亭山：在今安徽宣城市北的一座山，风景秀丽。

［2］尽：没有了。

［3］孤云：陶渊明《咏贫士》中有“孤云独无依”的句子，暗指云彩不多，孤单的样子。

［4］独去闲：孤单的云彩飘来飘去。独去，独自去。闲，形容云彩飘来飘去、悠闲自在的样子。

［5］两不厌：指诗人和敬亭山两不相厌，怎么看也不满足。厌，满足。

古诗今译

群鸟高飞无影无踪，孤云独去自在悠闲。你看我，我看你，彼此之间两不相厌的，只有我和眼前的敬亭山了。

作者简介

李　白

字、号：字太白，号青莲居士

籍贯：陇西成纪（今甘肃秦安）

生卒年：701—762

身份：唐代浪漫主义诗人

获荣誉称号：“诗仙”

代表作：《静夜思》《望庐山瀑布》《行路难三首》《蜀道难》《将进酒》等

作品赏析

《独坐敬亭山》是唐代伟大的诗人李白创作的一首五言绝句，是诗人表现自己精神世界的佳作。此诗表面是写独游敬亭山的情趣，而其深含之意则是诗人与自然相处时所产生的陪伴与孤独并存的奇妙感受。诗人以奇特的想象力和巧妙的构思，赋予山水景物以生命，将敬亭山拟人化，写得生动传神。作者写的是自己的孤独和怀才不遇之情，却在大自然中寻找到了安慰和寄托。

经典名句

相看两不厌，只有敬亭山。

诵读指引

《独坐敬亭山》是一首五言绝句，诵读时整体节奏要慢，通过语气语调变化，表达出诗中所蕴含的深意。

独坐/敬亭山

众鸟/高飞尽，（“尽”重读，上行语势）
孤云/独去闲。（“独”重读，下行语势）
相看/两不厌，（语速转快，“厌”重读，上行语势）
只有/敬亭山。（语速转缓，“敬亭山”延长声音，读得缓而深沉，平行语势）

闻王昌龄[1]左迁[2]龙标[3]遥有此寄

J－8

（唐）李白

杨花[4]落尽[5]子规[6]啼，
闻道龙标过五溪。
我寄愁心与[7]明月，
随风直到夜郎[8]西。

（绘图：2017 级泰国学生　王素清）

词语解释

［1］王昌龄：唐代诗人，李白的朋友。

［2］左迁：贬官，降职。古代尊右卑左，因此把降职称为“左迁”。

［3］龙标：古代地名，今湖南省洪江市。

［4］杨花：柳絮。

［5］落尽：全部掉光。

［6］子规：杜鹃鸟，又称“布谷鸟”，相传其啼声哀婉凄切，甚至啼血。

［7］与：给。

［8］夜郎：汉代中国西南地区少数民族曾在今贵州西部、北部和云南东北部及四川南部部分地区建立过政权，称为“夜郎”。唐代在今贵州桐梓和湖南沅陵等地设过夜郎县。在这首诗里指的是湖南的夜郎，李白当时在东南，所以说“随风直到夜郎西”。

古诗今译

在杨花落完、子规啼鸣之时，我听说您被贬为龙标尉，龙标地方偏远，一路上要经过五溪。我把我为你忧愁的心思寄托给天上的明月，希望它能随着风一直陪着您到达夜郎以西。

作者简介

李　白

字、号：字太白，号青莲居士

籍贯：陇西成纪（今甘肃秦安）

生卒年：701—762

身份：唐代浪漫主义诗人

获荣誉称号：“诗仙”

代表作：《静夜思》《望庐山瀑布》《行路难三首》《蜀道难》《将进酒》等

作品赏析

这首诗是诗人李白为好友王昌龄贬官而作，抒发了对王昌龄怀才不遇的惋惜之情，表达了诗人对友人左迁的同情与宽慰。李白通过丰富的想象，把本来无知无情的明月，变成了一个了解自己、富于同情的知心人，明月能够而且愿意接受自己的请求，将自己对朋友的怀念和同情带到遥远的夜郎之西，陪伴那不幸的迁谪者。

经典名句

我寄愁心与明月，随风直到夜郎西。

诵读指引

这是一首七言绝句，“啼”“溪”“西”押韵，诵读时通过苦闷的语气和低沉的语调传达出对友人被贬的同情。

闻/王昌龄/左迁/龙标/遥有/此寄

杨花/落尽/子规啼，（语速缓，语调低沉，平行语势）
闻道/龙标/过五溪。（“过五溪”缓读，平行语势）
我寄/愁心/与明月，（愁苦的口气，上行语势）
随风/直到/夜郎西。（“夜郎西”读得低缓，声音延长，平行语势）

村　居[1]

J-9

（清）高鼎（dǐng）

草长莺（yīng）飞二月天，
拂（fú）堤（dī）杨柳[2]醉[3]春烟[4]。
儿童散学[5]归来早，
忙趁东风放纸鸢（yuān）[6]。

（绘图：2017 级泰国学生　黄欣仪）

词语解释

［1］村居：在乡村里居住。

［2］拂堤杨柳：杨柳枝条长长地垂下来，微微摆动，像是在抚摸堤岸。

［3］醉：迷醉，陶醉。

［4］春烟：烟雾般的水汽。

［5］散学：放学。

［6］纸鸢：泛指风筝，它是一种纸做的形状像老鹰的风筝。鸢，老鹰。

古诗今译

农历二月，村子前后长满了青草，黄莺飞来飞去。河边杨柳那长长的绿枝条随风摆动，好像在轻轻地抚摸着堤岸，陶醉在烟雾般的水汽中。村里的孩子们一放学就急忙跑回家，趁着东风把风筝放上蓝天。

作者简介

高　鼎

字、号：字象一，又字拙吾

籍贯：仁和（今浙江杭州）

生卒年：约 1828—1880

身份：清代后期诗人

代表作：《村居》《拙吾诗稿》等

作品赏析

《村居》是清代诗人高鼎晚年闲居农村时创作的一首七言绝句。第一、二句写时间和自然景物，诗人以轻快活泼的笔调，选取美丽春景中最富有特征的几个景物进行描绘，描写了春天农村特有的迷人景色。“草长莺飞二月天”写早春二月，小草长出了嫩绿的芽儿，黄莺在天上飞着，欢快地歌唱。“草长莺飞”四个字，把春天的景物写活了，使读者仿佛感受到那种万物复苏、欣欣向荣的气氛。“拂堤杨柳醉春烟”写农村河岸边的杨柳，堤旁柳树长长的枝条，轻轻地拂着地面，仿佛在春天烟雾般的水汽里醉得直摇晃。“拂”“醉”把静止的杨柳人格化了。春日的大地艳阳高照，烟雾迷蒙，微风中杨柳左右摇摆。诗人用了一个“醉”字，写活了杨柳柔美的姿态，写活了杨柳的神韵。这是一幅典型的春景图。

第三、四句写的是人物活动，描述了一群活泼的儿童在大好的春光里放风筝的生动情景。天气实在太好了，孩子们放学后早早地回家，赶紧放起风筝来。“散学归来”用一个“早”字，说明连孩子们也被这风和日丽的天气打动了。全诗洋溢着欢快的情绪，给读者以美好的情绪感染。

经典名句

草长莺飞二月天，拂堤杨柳醉春烟。

诵读指引

这是一首七言绝句，“天”“烟”“鸢”押韵，诵读时通过轻快活泼的语调传达出欢快的情绪。

村/居

草长/莺飞/二月天，（语调明快，“二月天”重读，渐呈上行语势）
拂堤/杨柳/醉春烟。（“醉”重读，平行语势）
儿童/散学/归来早，（“归来早”重读，渐呈上行语势）
忙趁/东风/放纸鸢。（语速由快到慢，“放纸鸢”声音延长，平行语势）

秋浦[1]歌十七首其十五

J－10

（唐）李白

白发三千丈，

缘[2]愁似[3]个长(cháng)[4]。

不知明镜里，

何处得秋霜[5]？

（绘图：2018 级印度尼西亚学生　黄约仕）

词语解释

［1］秋浦：在今安徽省池州市贵池区西南。唐时是著名产铜、银的地方。

［2］缘：因为。

[3] 似：像。
[4] 个长：这么长。
[5] 秋霜：秋天的白霜，这里用来形容白发。

古诗今译

我头上的白发长到三千丈，只因我心中的愁绪也这样长。对着明亮的镜子，我的头发白得像秋霜，我真不知道我怎么变成了这副模样！

作者简介

李　白

字、号：字太白，号青莲居士

籍贯：陇西成纪（今甘肃秦安）

生卒年：701—762

身份：唐代浪漫主义诗人

获荣誉称号：“诗仙”

代表作：《静夜思》《望庐山瀑布》《行路难三首》《蜀道难》《将进酒》等

作品赏析

这首诗采用浪漫夸张的手法，抒发了诗人怀才不遇的苦闷。首句“白发三千丈”运用了奇妙的夸张手法，一个人的白发怎么可能有三千丈呢？读到下句“缘愁似个长”就明白了，原来三千丈的白发是因愁而生，因愁而长的。而白发长达三千丈，该有多少深重的愁思啊！这三千丈的白发，是内心愁绪的象征。这两句诗看似突兀，实则突出了诗人的愁绪，令人触目惊心。后两句“不知明镜里，何处得秋霜”是说：照着镜子，看到自己满头的白发，简直想不明白自己的头发怎么会变得这么白。诗人通过向自己提问，进一步突出了内心的“愁”。“秋霜”代指白发，具有忧伤而憔悴的感情色彩。这首诗大约写于唐玄宗李隆基的天宝末年，唐王朝政治腐败，诗人深感忧虑。李白当时已经五十多岁了，理想不能实现，反而受到压迫和排挤，而人已衰老，倍加痛苦，以至于愁生白发，鬓染秋霜，全诗充分流露出作者忧国伤时和怀才不遇的心情。

经典名句

白发三千丈，缘愁似个长。

诵读指引

这是一首七言绝句，“丈”“长”“霜”押韵，诵读时通过苦闷的语气和低沉的语调传达出诗人忧国伤时和怀才不遇的愁绪。

秋浦歌/十七首·其十五

白发/三千丈，（“白发”读得重而缓，“三千丈”重读，读出夸张之意，上行语势）
缘愁/似个长。（“缘愁”读得重而缓，“似个长”重读，下行语势，读出愁绪）
不知/明镜里，（音调高，上行语势）
何处/得秋霜？（“何处”重读，“得秋霜”读得缓而重，平行语势，读出疑问语气）

观书有感二首其一

J－11

（宋）朱熹

半亩方塘[1]一鉴(jiàn)[2]开，
天光云影共徘徊(pái huái)[3]。
问渠[4]那(nǎ)得[5]清[6]如许[7]？
为有源头活水[8]来。

（绘图：2018级马来西亚学生　林学瑾）

词语解释

［1］方塘：又称“半亩塘”，在福建尤溪城南郑义斋馆舍（后为南溪书院）内。

［2］鉴：镜子。古人以铜为镜，用包袱包着，用的时候打开。

［3］徘徊：在一个地方来回地移动。

［4］渠：代词，“它”，代指方塘。

［5］那得：怎么会。那，通“哪”，怎么的意思。

［6］清：清澈（chè），水很干净。

［7］如许：像这样。

［8］源头活水：比喻知识是不断更新和发展的，人们只有不断学习、运用、探索，才能使自己永葆先进和活力，就像水的源头一样。

古诗今译

半亩大的方形池塘像一面镜子一样展现在眼前，天空的光彩和浮云的影子倒映在池面上，仿佛在悠闲地来回走动。要问那方塘的水为什么会这样清澈？是因为发源处不断有活水流进来。

作者简介

朱　熹

字、号：字元晦，又字仲晦，号晦庵，晚称晦翁，世称朱文公

籍贯：徽州婺源（今江西婺源）

生卒年：1130—1200

身份：宋代思想家、哲学家、教育家、诗人

获荣誉称号：闽学派的代表人物，儒学集大成者，世人尊称为“朱子”；朱熹的理学思想对元、明、清三朝影响很大，成为官方哲学，是中国教育史上继孔子后的又一人

代表作：诗作《春日》《观书有感》；《四书章句集注》《太极图说解》《通书解说》《周易读本》《楚辞集注》

作品赏析

朱熹的《观书有感二首·其一》是借景喻理的说理诗。这首诗从字面上看好像是一首风景诗，实际上说的是读书对于一个人的重要性，诗歌形象地表达了一种奇妙的读书感受。池塘并不是一池死水，而是常有活水注入，因此像明镜一样，清澈见底，映照着美丽的天光云影。这种情景和一个人在书中获得新知识而不断提高认识的情形很相似。读书需要求异求新，诗作用“源头活水”来比喻学习，要坚持读书，不断从书中汲取新的营养，才能有日新月异的进步。学生在读书时要克服浮躁情绪，才能使自己的内心像池水一样清澈。

“问渠那得清如许？为有源头活水来”表面是写方塘因为有源头活水的不断注入才“清如许”，实则暗示人想要心灵纯洁，就得不断认真读书，不断获取新知，才能达到至高的境界。因此人们常常用这两句诗来比喻不断学习新知识，才能达到新境界。人们也用这两句诗来赞美一个人的学问或艺术的成就，自有其深厚的渊源。这两句诗已凝缩为常用成语“源头活水”，用以比喻事物发展的源泉和动力。

经典名句

问渠那得清如许？为有源头活水来。

诵读指引

这首诗是一首七言绝句，“开”“徊”“来”押韵。诗歌通过浅白的语言表达真知灼见，最后两句饱含哲理、意味深长，诵读时整体语势平缓，冷静客观。

观书/有感/二首·其一

半亩/方塘/一鉴开，（“一鉴开”缓读，平行语势）
天光/云影/共徘徊。（“共徘徊”缓读，平行语势）
问渠/那得/清如许？（上行语势，读出思考、疑问的语气）
为有/源头/活水来。（“活水来”缓读，下行语势，读出意味深长之感）

（绘图：2018 级印度尼西亚学生　黄碧素）

采莲曲二首其二

J－12

（唐）王昌龄

荷叶罗裙[1]一色裁（cái）[2]，
芙蓉（fú róng）[3]向脸两边开。
乱入[4]池中看不见[5]，
闻歌[6]始觉[7]有人来。

（绘图：2017级老挝学生　潘玛尼）

词语解释

［1］罗裙：古代的一种用细软而有疏孔的丝织品制成的裙子。
［2］一色裁：像是用同一种颜色的衣料剪裁的。

［3］芙蓉：指荷花。
［4］乱入：杂入、混入。
［5］看不见：指分不清哪是芙蓉的绿叶红花，哪是少女的绿裙红颜。
［6］闻歌：听到歌声。
［7］始觉：才知道。

古诗今译

采莲少女的绿色罗裙融入那一片绿绿的荷叶中，仿佛一色，几乎分不清哪是荷叶，哪是罗裙；少女的脸庞掩映在盛开的荷花间，相互映照。她们混入莲池中不见了踪影，听到歌声响起才觉察到有人在采莲。

作者简介

王昌龄

字、号：字少伯

籍贯：河东晋阳（今山西太原）

生卒年：698—757

身份：盛唐边塞诗人

获荣誉称号：“七绝圣手”

代表作：《从军行七首》《出塞》《闺怨》等

作品赏析

这首诗写的是采莲少女，但诗中并不从正面描写，而是用荷叶与罗裙一样绿、荷花与脸庞一样红、不见人影只听见歌声等手法加以衬托描写，巧妙地将采莲少女的美丽与大自然融为一体。前两句侧重于客观描写，后两句侧重于写主观感受，很好地表现了人花难辨、花人同美的优美意境。全诗生动活泼，富于诗情画意，充满生活情趣。

诗歌一开头就巧妙地把采莲少女和周围的自然环境组成一个和谐统一的整体。第一、二句“荷叶罗裙一色裁，芙蓉向脸两边开”，写的是：在那一片绿荷红莲丛中，采莲少女的绿罗裙已经融入荷叶之中；而少女的脸庞与鲜艳的荷花相互照映，人脸和荷花难以分辨。让人感觉这些采莲女子简直就是美丽的大自然的一部分，是荷花的精灵。第三句“乱入池中看不见”，写的是：采莲少女与荷叶荷花浑然一体，分不清哪是花，哪是人，让人们看花了眼，忽然就看不见采莲的少女了。第四句“闻歌始觉有人来”，写的是：莲塘中歌声四起，又让人们恍然大悟，原来那些“看不见”的采莲女子仍然在这荷叶荷花之中。本已“不见”，忽然“闻歌”，才知“有人”；但人在荷叶荷花之中，虽闻歌声却不见她们的身姿面影。这一描写，表现出采莲女天真烂漫、朝气蓬勃的性格，也体现出她们在荷叶荷花中若隐若现、若有若无的美。

经典名句

荷叶罗裙一色裁，芙蓉向脸两边开。

诵读指引

这是一首七言绝句，“裁”“开”“来”押韵，诵读时整体节奏轻快活泼，注意通过适当的停顿、重音和语势的起伏变化，读出欢快之情。

采莲曲/二首·其二

荷叶/罗裙/一色裁，（“裁”重读，上行语势）
芙蓉/向脸/两边开。（“两边开”重读，平行语势）
乱入/池中/看不见，（语速加快，“看不见”重读，下行语势）
闻歌/始觉/有人来。（语速缓慢，“有人来”缓读，平行语势）

书[1]湖阴先生[2]壁二首其一

J－13

（宋）王安石

茅（máo）檐（yán）[3]长扫净无苔（tái）[4]，
花木成畦（qí）[5]手自栽（zāi）。
一水护田[6]将绿绕，
两山排闼（tà）[7]送青来[8]。

（绘图：2017级泰国学生　王安娜）

词语解释

［1］书：书写，题。

［2］湖阴先生：本名杨德逢，隐居之士，是王安石晚年居住金陵紫金山（今江苏南京）时的邻居。

［3］茅檐：茅屋檐下，这里指庭院。

［4］无苔：没有青苔。

［5］成畦：成行成垄。畦，经过修整的一块块田地。

［6］护田：这里指护卫环绕着农田。

［7］排闼：开门。闼，小门。

［8］送青来：送来绿色。

古诗今译

茅草房的庭院经常打扫，干净得没有一丝青苔。花草树木成行成垄，整整齐齐的，都是主人亲手栽种的。庭院外一条小河环绕保护着农田，像母亲伸开双手护着孩子；两座大山像打开门来为人们送去青翠的绿色。

作者简介

王安石

字、号：字介甫，号半山，别称“临川先生”

籍贯：抚州临川（今江西抚州）

生卒年：1021—1086

身份：宋代文学家、改革家、政治家

获荣誉称号：“唐宋八大家”之一

代表作：《临川先生文集》《临川集拾遗》等

作品赏析

这首诗是王安石题写在邻居湖阴先生屋壁上一组诗中的一首。开头两句赞美杨家庭院的清幽，突出湖阴先生人品高洁、富于生活情趣的特点。诗人用“无苔”二字突出杨家庭院的干净整齐。江南地湿，又是初夏多雨季节，青苔极易生长，可是杨家的庭院之内，连青苔也没有，表明这里常年是干净的。“花木成畦”不仅交代了花圃的整齐，也暗示了花木品种繁多不单调。这里湖阴先生所居住的虽然只是“茅檐”，但是他不仅“扫”，而且“长扫”，以至于“净无苔”，非常干净。“花木成畦”不是别人的功劳，而是“手自栽”，是湖阴先生亲手栽种的，可见他清静脱俗、朴实勤劳。这清幽的环境令人陶醉，当诗人的目光从庭院内的花木移向院外的山水时，门前的景物是一条河流、一片农田、两座青山，在诗人眼里，山水对这位志趣高洁的主人湖阴先生也有情谊。于是诗人将“一水”“两山”拟人化，用“护”和“绕”字将山水写成富有人情的亲切形象：弯弯的河流环绕着绿油油的农田，正像母亲用双手护着孩子一样。而门前的青山见到庭院这样整洁，主人这样爱美，也争相前来为主人的院落增色添彩：推门而入，献上一片青翠。诗人以“一水护田将绿绕，两山排闼送青来”的神来之笔，留下千古传诵的名句。

经典名句

一水护田将绿绕，两山排闼送青来。

诵读指引

这是一首七言绝句，“苔”“栽”“来”押韵，诵读时注意通过适当的停顿、重音和语势的起伏变化，读出喜爱和赞美之情，展现一幅美好的田园风光图景。

书/湖阴先生/壁/二首·其一

茅檐/长扫/净无苔，（语速缓慢，“净”重读，平行语势）
花木/成畦/手自栽。（“手自栽”缓读，平行语势）
一水/护田/将绿绕，（语速加快，上行语势）
两山/排闼/送青来。（“送青来”缓读，平行语势）

芙蓉楼[1] 送辛渐[2]

J－14

（唐）王昌龄

寒雨[3] 连江[4] 夜入吴[5]，

平明[6] 送客[7] 楚山[8] 孤[9]。

luò

洛阳[10] 亲友如相问，

hú

一片冰心[11] 在玉壶[12]。

（绘图：2017 级菲律宾学生　谢妮佳）

词语解释

［1］芙蓉楼：原名西北楼，在润州（今江苏镇江）西北。登临芙蓉楼可以俯瞰长江，遥望江北。

［2］辛渐：诗人的一位朋友。

［3］寒雨：秋冬时节的冷雨。

［4］连江：雨水与江面连成一片，形容雨很大。

［5］吴：古代国名，江苏镇江一带为三国时吴国所属。这里泛指江苏南部、浙江北部一带。

［6］平明：天亮的时候。

［7］客：指作者的好友辛渐。

［8］楚山：楚地的山。这里的楚也指南京一带，因为古代吴、楚先后统治过这里，所以吴、楚可以通称。

［9］孤：独自，孤单一人。

［10］洛阳：地名。现在位于河南省西部、黄河南岸。

［11］冰心：比喻纯洁的心。

［12］玉壶：洁白的玉制的壶，指人的品德美好。

古诗今译

昨夜秋雨绵绵洒遍了吴地的江天，今天清晨我在芙蓉楼送你坐船远行，感觉留在吴地的自己就像楚山一样孤独！朋友啊，你回到洛阳之后，我的亲朋好友如果问起我来，请你转告他们，就说我的心依然像玉壶里的冰一样晶莹纯洁，未受功名利禄等世俗的污染。

作者简介

王昌龄

字、号：字少伯

籍贯：河东晋阳（今山西太原）

生卒年：698—757

身份：盛唐边塞诗人

获荣誉称号：“七绝圣手”

代表作：《从军行七首》《出塞》《闺怨》等

作品赏析

这是一首送别诗。第一句从昨夜秋雨写起，为送别营造了凄清的气氛。第二句中的“平明”点明送客的时间；“楚山孤”既写出了友人的去向，又暗寓了自己送客时的心情。第三、四句写的是自己，仍然与送别之意相吻合。因为辛渐是诗人的同乡，他返回家乡，亲朋好友一定会问到诗人的情况，所以诗人送别辛渐时特别嘱托他：“家乡的亲友如果问到我现在的情况，你就说，我的为人就像那一块晶莹剔透的冰，装在洁白的玉壶之中。”这表明了诗人不为遭贬而改变冰清玉洁的节操。“一片冰心在玉壶”可以说是全诗的诗眼，历来人们都认为“玉壶”与“冰心”一样，都指人的品德美好。全诗淡写朋友的离情别绪，重写自己的高风亮节。首两句中苍茫的江雨和孤独的楚山，烘托送别时的孤寂之情；后两句自比冰壶，表达自己开朗的胸怀和坚强的性格。全诗构思新颖，寓情于景，令人回味无穷。

经典名句

洛阳亲友如相问，一片冰心在玉壶。

诵读指引

这是一首七言绝句，“吴”“孤”“壶”押韵，诵读时语气语调低沉，传达出与友人离别的伤感和悲凉的心境。

芙蓉楼/送/辛渐

寒雨/连江/夜入吴，（语速缓慢，声音低沉，“夜”重读，下行语势）

平明/送客/楚山孤。（语速缓慢，声音低沉，平行语势）

洛阳/亲友/如相问，（语速转快，上行语势）

一片/冰心/在玉壶。（“在玉壶”读得缓而深沉，平行语势）

（绘图：2018 级泰国学生　王玲玲）

大林寺[1]桃花

J－15

（唐）白居易

fēi
人间[2]四月芳菲[3]尽[4]，
shèng
山寺[5]桃花始[6]盛开。
mì
长恨[7]春归[8]无觅[9]处，
zhuǎn
不知[10]转[11]入此中[12]来。

（绘图：2018 级泰国学生　王玲玲）

词语解释

[1] 大林寺：寺庙名。在庐山大林峰，相传为晋代僧人昙诜（tánshēn）所建，为中国佛教圣地之一。

［2］人间：指庐山下的平地村落。
［3］芳菲：盛开的花，也可泛指花，花草艳盛的阳春景色。
［4］尽：指花凋谢了。
［5］山寺：指大林寺。
［6］始：才，刚刚。
［7］长恨：常常惋惜。
［8］春归：春天回去了。
［9］觅：寻找。
［10］不知：岂料，想不到。
［11］转：反。
［12］此中：这深山的寺庙里。

古诗今译

在人间四月里百花都已经凋谢了，而在高山上的这个大林寺中，桃花才刚刚盛开。我常为春光逝去无处寻找而怨恨失望，却不知它已经转到这山里来了。

作者简介

白居易

字、号：字乐天，号香山居士，又号醉吟先生

籍贯：山西太原

生卒年：772—846

身份：唐代现实主义诗人、翰林学士

获荣誉称号：“诗魔”“诗王”

代表作：《长恨歌》《琵琶行》《卖炭翁》等

作品赏析

这是一首记游诗，作于元和十二年（公元817年）初夏，当时白居易在江州（今江西九江）司马任上。诗的开头两句“人间四月芳菲尽，山寺桃花始盛开”，写诗人登山时已经是初夏，正值大地春归、百花凋落的时候。但没想到在庐山香炉峰顶上的这个大林寺之中，又遇上了意想不到的春景：一片刚刚盛开的桃花。而从第三句“长恨春归无觅处”可以得知，诗人在爬上庐山之前，就曾为春光的匆匆离去而怨恨、恼怒、失望。因此当他看到这片春景时，该是多么的惊喜啊！第一句的“芳菲尽”，与第二句的“始盛开”，在对比中遥相呼应。在写景中透露出心情的变化：由人间百花凋落的惆怅到这里所见桃花盛开的惊喜。这种惊喜让诗人仿佛从人间的现实世界，突然来到了仙境一样。第三、四句“长恨春归无觅处，不知转入此中来”，诗人想到，自己曾因为热爱春光、留恋春光，以致怨恨春去的无情，但谁知是错怪了春，原来春并未离去，只不过像小孩子跟人捉迷藏一样，偷偷地躲到这个地方来了。这首诗中，诗人既用桃花代替抽象的春光，把春光写得具体可感，形象美丽；还把春光拟人化，把春光写得仿佛真的有脚似的，可以躲来躲去，显得它天真可爱、活灵活现、惹人喜爱。这首诗可以说是唐人绝句中的又一珍品。

经典名句

人间四月芳菲尽，山寺桃花始盛开。

诵读指引

这是一首七言绝句，“开”“来”押韵，诵读时注意通过语气语调的变化，展现一幅惹人喜爱的春景图。

大林寺/桃花

人间/四月/芳菲尽，（惆怅的语气，“尽”重读，下行语势）
山寺/桃花/始盛开。（惊喜的语气，“始盛开”重读，平行语势）
长恨/春归/无觅处，（“无觅处”缓读，上行语势）
不知/转入/此中来。（“此中来”缓读，平行语势）

赠范晔[1]

J－16

kǎi
（南北朝）陆凯

zhé　　féng　yì
折花逢[2]驿使[3]，
　　lǒng
寄与陇头人[4]。
江南无所有，
聊[5]赠一枝春[6]。

（绘图：2018级印度尼西亚学生　陈玲燕）

词语解释

[1] 范晔：南朝宋顺阳（今河南淅川）人，史学家，著有《后汉书》。

［2］逢：遇到。
［3］驿使：信使，古时传递公文、书物的人。
［4］陇头人：指范晔。陇头，即陇山，在今陕西陇县西北。
［5］聊：姑且，暂时只好这样。
［6］一枝春：此处借代一枝梅花。

古诗今译

折梅花的时候恰好遇到信使，于是将花寄给你这位身在陇头的好朋友。江南没有什么好东西可以表达我的情感，暂且送给你一枝报春的梅花吧。

作者简介

陆　凯

字、号：字智君

籍贯：代郡（今山西代县）

生卒年：？—504

身份：南北朝诗人

代表作：《赠范晔》等

作品赏析

这首诗一开头就点明诗人与友人远离千里，难以相聚，只能靠驿使来往，互相传递问候。而这一次，诗人传送的不是书信，而是梅花，可见两人之间关系非常亲密，可以用任何形式的礼物来表达情感。“逢”表示一看到驿使就想到友人，体现了对朋友的时时挂念。最后两句则在淡淡致意中透出深深的祝福。江南不是一无所有，但诗人认为别的礼物不足以表达他对范晔的情感，所以说江南没有什么贵重的东西赠送给朋友，只有比春天先到的梅花是最适当的，“一枝春”作为梅花的象征，预示着美好的春天即将来临，祝愿人们的美好祈望定能实现。因而诗人在遥遥千里之外，以梅花寄托思念牵挂之情，而梅花也象征他们之间的崇高友谊。

《赠范晔》寥寥20字，简朴中道出了真挚的友情，平淡中显出了高雅的意境。在特定的季节、特定的环境，把思念友人的感情，通过具有高洁情操的梅花表达出来，把抽象的感情与形象的梅花结为一体。从陆凯赠诗开始，“一枝春”就成为梅花及赠别的代称，可见其影响的深远。

经典名句

江南无所有，聊赠一枝春。

诵读指引

这是一首五言绝句，“人”“春”押韵，在诵读时前两句节奏明快，后两句融入思念的感情，通过适当的停顿、重音和语势的起伏变化，表达浓浓的思念之情。

赠/范晔

折花/逢驿使，（“折花”读得轻而高，“逢”重读，上行语势）
寄与/陇头人。（“寄”重读，平行语势）
江南/无所有，（语速转快，上行语势）
聊赠/一枝春。（“一枝春”读得缓慢而深沉，“一”重读，平行语势）

次[1]北固山[2]下

J－17

(唐) 王湾

客路[3]青山[4]外，行舟绿水前。

cháo　　　　kuò　　　　　　fān xuán

潮平两岸阔，风正[5]一帆悬[6]。

　　　cán

海日[7]生残夜[8]，江春[9]入旧年[10]。

　　　　　　　　yàn　luò

乡书[11]何处达[12]，归雁[13]洛阳边。

(绘图：2017 级蒙古学生　恩赫贾尔格勒)

词语解释

[1] 次：停宿。

[2] 北固山：在今江苏镇江以北，三面临长江。

［3］客路：回家的路途。
［4］青山：指北固山。
［5］风正：顺风。
［6］悬：挂。
［7］海日：海上升起的太阳。
［8］残夜：夜将尽的时候。
［9］江春：江上的春意。
［10］旧年：快要消逝的冬天。
［11］乡书：家信。
［12］达：送达。
［13］归雁：北归的大雁。大雁每年秋天会飞往温暖的南方过冬，春天时飞回北方。古时有用大雁传递书信的说法。

古诗今译

回家的道路还在青青的北固山之外，我的船行进在碧绿的江水上。潮水与两岸齐平，水面看起来更加宽阔，顺风行船一帆高挂。夜色还没有消退，但红日已冉冉升起，江上的春意也闯入了快要消逝的冬天。家信要送到什么地方呢？北去的归雁啊，就请捎到洛阳我的家里吧！

作者简介

王　湾

字号：号为德

籍贯：洛阳（今河南洛阳）

生卒年：不详

身份：唐代诗人

代表作：《次北固山下》《奉使登终南山》等

作品赏析

这是一首五言律诗，主要表达诗人归家时的急切心情。当时作者要从江南回洛阳家乡，小船暂时停泊在北固山下。诗歌首联点明题目，并且上下句对仗，“客路”对“行舟”，“青山外”对“绿水前”，十分工整，意思是看着眼前碧绿的江水，想到自己的回乡之路还在这青翠的北固山以外，路途依然那么遥远，诗人思念家乡的心情一开始就表露无遗。颔联写景，春天时江水上涨，高得和两边的江岸一样齐平，在诗人的眼里，江面显得更加开阔了，而且这时又是顺风，可以把船帆高高挂起。颈联是很有名的一联，写江上行船快要天亮时的景色。“海日”对“江春”，“残夜”对“旧年”，动词“生”对“入”，海上的红日升起时，黑夜还没有完全消散，江上温暖的春色也将要赶走残留的寒冬，一幅豪迈壮美的图景描绘在我们的眼前。尾联从写景，又回到思乡的主题。诗人看到天上北飞的大雁，不禁想让它们带一封书信回去，就说他已经到了北固山下，不久就会回到家中，再次表达出自己急切的归家心情。

古时候诗人用这样优美、凝练的语言来写自己回家的心情，诗人心中的情和眼前看到的自然景色结合在一起，交相辉映。不知道你每次归家时的心情是什么样的，是否同王湾一样呢？

经典名句

海日生残夜，江春入旧年。

诵读指引

这是一首思念家乡的诗，注意把握诗歌念家的乡愁，如第一、四联，还有观景时的豪爽之情，如第二、三联。在形式上，这首律诗的节奏易于把握，而且前三联都很工整，在诵读时注意突出上下对仗词语的对比。

次/北固山/下

客路/青山外，行舟/绿水前。（节奏舒缓，首句上行语势，次句平行语势）

潮平/两岸阔，风正/一帆悬。（节奏舒缓，前一句上行语势；后一句平行语势，“一帆悬”重读，读出开阔之感）

海日/生残夜，江春/入旧年。（“生”“入”重读）

乡书/何处达，归雁/洛阳边。（节奏舒缓，前一句上行语势，读出疑问语气；后一句平行语势，“洛阳边”延长声音，读得缓而深沉，读出思念之情）

终南[1]别业[2]

J－18

（唐）王维

中岁颇[3]好道，晚家南山陲(chuí)[4]。
兴(xìng)[5]来每独往，胜事[6]空自知。
行到水穷处[7]，坐看云起时。
偶然值[8]林叟(sǒu)[9]，谈笑无还(huán)期[10]。

（绘图：2018 级印度尼西亚学生　谢承良）

词语解释

[1] 终南：终南山，也叫南山，在陕西西安城南，属于秦岭的一部分，风景壮丽，山势高大，自古多为诗人所吟咏。

［2］别业：别墅（shù）。
［3］颇：很，非常。
［4］南山陲：终南山边。
［5］兴：兴致。
［6］胜事：快乐的事。
［7］水穷处：水的尽头。
［8］值：遇见。
［9］林叟：乡村的老人。
［10］无还期：忘了回家的时间。

古诗今译

中年以后就很喜欢修道养性，晚年就安家在终南山脚下。兴致来了就常常独自去游玩，快乐的事情只有自己心里知道。有时候散步走到了水的尽头，坐在石头上看天上云的变化。偶然在树林中遇见一两个乡村老人，就与他们聊天说笑忘了回家。

作者简介

王　维

字、号：字摩诘，号摩诘居士，世称“王右丞”

籍贯：太原祁（今山西祁县）

生卒年：约 701—761

身份：唐代诗人、尚书右丞

获荣誉称号：“诗佛”、唐代山水田园诗派代表

代表作：诗作《山居秋暝》《渭川田家》等；《王右丞集》

作品赏析

作为唐代山水田园诗派的代表，王维常常描写自然山水，叙述自己的隐居生活，表达对生活的态度或对佛理的领悟，这首诗写的就是诗人在终南山别墅中悠闲自得的生活。诗人晚年终于可以实现中年时的心愿，回归山林，修身养性。他只要一有兴致，就独自一人外出游玩，自得其乐，没有朋友陪伴也没有关系。诗歌中间的一联很有名——“行到水穷处，坐看云起时”，意思是诗人走到水的尽头，好像无路可走了，就干脆坐在石头上，仰头欣赏云彩的变化之美。这一联对仗很工整，又非常自然，表达了诗人随心所欲、不受任何外物约束的处事态度。诗歌的结尾也很巧妙，当偶然遇到乡村的老人时，诗人就和他们说说笑笑，不急着回家，一切都是随“兴”所致，自由自在的快乐就在这种隐居田园的生活里啊。

经典名句

行到水穷处，坐看云起时。

诵读指引

这首诗的多音字较多，注意“好”“兴”“还”等字的读音。整首诗叙述诗人的隐居生活，表现诗人悠闲自得的心境，诵读时语速适中，语调自然，尾联语调可稍做改变，给人以回味悠长之感。

终南/别业

中岁/颇好道，（语速平缓，“颇”字重读，平行语势）
晚家/南山陲。（语速平缓，平行语势）
兴来/每独往，（“独往”重读，上行语势）
胜事/空自知。（“空”重读，平行语势）
行到/水穷处，（“水穷处”三字重读，上行语势）
坐看/云起时。（“云起时”声音延长，平行语势）
偶然/值林叟，（语速稍快，平行语势）
谈笑/无还期。（“无还期”声音延长，给人以回味悠长之感）

如梦令[1]·昨夜雨疏风骤[2]

J－19

（宋）李清照

昨夜雨疏（shū）风骤，浓睡[3]不消残酒[4]。试问卷帘人[5]，却道海棠（táng）依旧。知否，知否？应是绿肥红瘦[6]。

（绘图：2018 级马来西亚学生　林学瑾）

词语解释

［1］如梦令：词牌名，又名“忆仙姿”“宴桃源”“无梦令”等。
［2］雨疏风骤：意思是雨点稀疏，晚风急猛。疏，稀疏。
［3］浓睡：酣睡。
［4］残酒：指还没有消散的醉意。
［5］卷帘人：这里是指侍女。
［6］绿肥红瘦：形容绿叶繁茂、红花凋零的样子。

古词今译

昨夜的雨虽然下得稀疏，但风刮得又急又猛，尽管酣睡了一宿，但仍有残存的醉意没有消除。问那正在卷帘的侍女，庭园里的海棠花情况如何？她说依然和昨天一样。你可知道，你可知道？经过这一夜风雨的吹打，理应是绿叶繁茂、红花凋零了呀。

作者简介

李清照

字、号：号易安居士

籍贯：齐州济南（今山东济南）

生卒年：1084—1155

身份：宋代著名女词人

获荣誉称号：婉约词派代表，被誉为“千古第一才女”

代表作：词《如梦令·昨夜雨疏风骤》《声声慢·寻寻觅觅》《一剪梅·红藕香残玉簟秋》等；文《词论》

作品赏析

这首词是李清照的早期作品，篇幅虽短，却含蓄蕴藉，意味深长，不仅有人物，有场景，还有对白，充分显示了词人深厚的艺术功力。小词巧妙地借宿酒醒后对窗外海棠花的询问，委婉地表达了作者的惜花伤春之情，语言清新，词意隽永。

小词将主人公的心理情绪刻画得惟妙惟肖，巧用对话推动词意发展，篇幅虽短，却跌宕起伏，极尽传神之妙，令人赞叹。最妙的是结拍“应是绿肥红瘦”一句，以“绿”代指叶，以“红”代指花，原本不算新奇，加上大俗的“肥”和“瘦”二字与之组合，却产生了出其不意的效果，堪称神来之笔。一“肥”一“瘦”，将那雨后因水分充足而茂盛肥大的叶子与那因不堪雨打而凋谢稀少的花朵进行鲜明对比，极富创造性与概括性，着实令人叹为观止。

经典名句

知否，知否？应是绿肥红瘦。

诵读指引

李清照的这首词作于她青春年少之时，是一首清新隽永的小令，情调轻快。整体节奏由慢到快，结拍“知否，知否？应是绿肥红瘦”情绪达到高潮，在诵读时要注意将词人对海棠花的急切关怀之情表达出来。具体节奏如下：

如梦令·昨夜/雨疏/风骤

昨夜/雨疏/风骤，浓睡/不消/残酒。（语速平缓，“骤”“酒”重读，下行语势）

试问/卷帘人，却道/海棠/依旧。（语速由慢到快，下行语势）

知否，知否？应是/绿肥/红瘦。（语速加快，“知否，知否”要读出急切的感情，上行语势，“应是绿肥红瘦”语速减慢，下行语势）

鸟的天堂

J－20

巴金

（绘图：2017 级泰国学生　苏佩英）

我们吃过晚饭，热气已经退了。太阳落下了山坡，只留下一段灿烂的红霞在天边。

我们走过一段石子路，很快就到了河边。在河边大树下，我们发现了几只小船。

我们陆续跳上一只船。一个朋友解开了绳，拿起竹竿一拨，船缓缓地动了，向河中心移去。

河面很宽，白茫茫的水上没有一点儿波浪。船平静地在水面移动。三支桨有规律地在水里划，那声音就像一支乐曲。

在一个地方，河面变窄了。一簇（cù）簇[1]树叶伸到水面上。树叶真绿得可爱。那是许多株茂盛[2]的榕树，看不出主干在什么地方。

当我说许多株[3]榕树的时候，朋友们马上纠正我的错误。一个朋友说那里只有一株榕树，另一个朋友说是两株。我见过不少榕树，这样大的还是第一次看见。

我们的船渐渐逼近榕树了。我有机会看清它的真面目，真是一株大树，枝干的数目不可计数。枝上又生根，有许多根直垂到地上，伸进泥土里。一部分树枝垂到水面。从远处看，就像一株大树卧在水面上。

榕树正值茂盛的时期，好像把它的全部生命力展示给我们看。那么多的绿叶，一簇堆在另一簇上面，不留一点儿缝隙。那翠绿的颜色，明亮地照耀着我们的眼睛，似乎每一片绿叶上都有一个新的生命在颤(chàn)动[4]。这美丽的南国的树！

船在树下泊了片刻。岸上很湿，我们没有上去。朋友说这里是“鸟的天堂”，有许多鸟在这树上做巢(cháo)[5]，农民不许人去捉它们。我仿佛听见几只鸟扑翅的声音，等我注意去看，却不见一只鸟的影子。只有无数的树根立在地上，像许多根木桩。土地是湿的，大概涨潮的时候河水会冲上岸去。“鸟的天堂”里没有一只鸟，我不禁这样想。于是船开了，一个朋友拨着桨，船缓缓地移向河中心。

第二天，我们划着船到一个朋友的家乡去。那是个有山有塔的地方。从学校出发，我们又经过那“鸟的天堂”。

这一次是在早晨。阳光照耀在水面，在树梢，一切都显得更加光明了。我们又把船在树下泊了片刻。

起初周围是静寂的。后来忽然起了一声鸟叫。我们把手一拍，便看见一只大鸟飞了起来。接着又看见第二只，第三只。我们继续拍掌，树上就变得热闹了，到处都是鸟声，到处都是鸟影。大的，小的，花的，黑的，有的站在树枝上叫，有的飞起来，有的在扑翅膀。

我注意地看着，眼睛应接不暇(xiá)[6]，看清楚了这只，又错过了那只，看见了那只，另一只又飞起来了。一只画眉鸟飞了出来，被我们的掌声一吓，又飞进了叶丛，站在一根小枝上兴奋地叫着，那歌声真好听。

当小船向着高塔下面的乡村划去的时候，我回头看那被抛在后面的茂盛的榕树。我感到一点儿留恋。昨天是我的眼睛骗了我，那“鸟的天堂”的确是鸟的天堂啊！

词语解释

［1］一簇簇：量词，用于聚集成团的东西，如“一簇簇鲜花”。
［2］茂盛：形容草木繁盛的样子。
［3］株：量词，常用于植物等。
［4］颤动：形容很短而又频繁地振动。
［5］巢：鸟的窝。
［6］应接不暇：形容人或事太多，应付不过来。

作者简介

巴金（原名李尧棠）

字、号：字芾甘（fèi gān）

籍贯：四川成都

生卒年：1904—2005

身份：中国现代著名的小说家、散文家、翻译家

获荣誉称号：“人民作家”

代表作：《家》《春》《秋》等

作品赏析

《鸟的天堂》是1933年巴金访问、游览广东新会时写下的散文。在6月初的一天，当地的朋友带着巴金游历了被称为“雀墩”的地方。第一天的傍晚，划船经过河边的一片榕树林时，巴金发现原来这只是一棵大榕树而已。等到第二天早晨又一次经过时，他才真正发现榕树枝叶中有很多的小鸟。小鸟的叫声、动作都给他留下了深刻的印象。

这篇散文的描写生动，尤其是大榕树“独木成林”的景色，以及鸟儿飞翔歌唱的场面都是经典名段。

经典名句

榕树正值茂盛的时期，好像把它的全部生命力展示给我们看。那么多的绿叶，一簇堆在另一簇上面，不留一点儿缝隙。那翠绿的颜色，明亮地照耀着我们的眼睛，似乎每一片绿叶上都有一个新的生命在颤动。这美丽的南国的树！

树上就变得热闹了，到处都是鸟声，到处都是鸟影。大的，小的，花的，黑的，有的站在树枝上叫，有的飞起来，有的在扑翅膀。

诵读指引

《鸟的天堂》朗读时整体基调应该比较舒缓、平静，中间的精彩描写要注意表现出作者的好奇以及激动之情。第1~3段描写“我们”出发时的情况，语气平静，第6~8段要读出突然发现的心情，第12~13段在描写鸟儿的动作和声音时，要注意读出层次感来，可以用语调的高低不同、节奏的快慢变化来表现。

巩固篇

夜宿[1]山寺

G－1

（唐）李白

危楼[2]高百尺[3]，
手可摘(zhāi)星辰(chén)[4]。
不敢高声语[5]，
恐[6]惊[7]天上人。

（绘图：2017级泰国学生　李银河）

词语解释

[1] 宿：住，过夜。
[2] 危楼：高楼，这里指山顶的寺庙。危，高。
[3] 百尺：虚指，不是实数，这里形容楼很高。
[4] 星辰：天上星星的统称。
[5] 语：说话。
[6] 恐：唯恐，害怕。
[7] 惊：惊动。

古诗今译

山顶的寺庙真高啊，好像有一百尺的样子，人在楼上好像一伸手就可以摘下天上的星星。站在这里，我不敢大声说话，唯恐（害怕）惊动了天上的神仙。

作者简介

李　白

字、号：字太白，号青莲居士

籍贯：陇西成纪（今甘肃秦安）

生卒年：701—762

身份：唐代浪漫主义诗人

获荣誉称号："诗仙"

代表作：《静夜思》《望庐山瀑布》《行路难三首》《蜀道难》《将进酒》等

作品赏析

诗人夜宿于深山里面的一个寺庙，发现寺院后面有一座很高的藏经楼，便登了上去。站在楼顶看远处，星光闪烁，于是诗兴大发，写下了这首记游写景的短诗。这首诗从头到尾用夸张的手法，形象而逼真地写出了山顶寺庙之奇高，星夜之奇妙，表达了诗人对古代庙宇工程艺术的惊叹，对神仙般生活的向往和追求之情。“危楼高百尺，手可摘星辰”是写山顶寺庙之高。第一句正面描绘山顶寺庙的峻峭挺拔、高耸入云。“危”与“高”的巧妙组合，生动形象地写出了寺庙高高地屹立在山顶的非凡气势。第二句将读者引向星光灿烂的夜空，用夸张的手法来烘托山顶寺庙的高，以星夜的美丽引起人们对高耸入云的“危楼”的向往。“不敢高声语，恐惊天上人”中的“不敢”与“恐惊”的心理，让读者完全可以想象到“山寺”与“天上人”的距离之近，可见山顶寺庙有多高了。

诗人用夸张的艺术手法，借助大胆奇妙的想象，把山顶寺庙的高耸和夜晚的恐惧写得很逼真，从而将一座几乎不可想象的宏伟建筑展现在读者面前，给人身临其境的感觉。摘星辰、惊天人，这些仿佛是童稚的想法，却让人觉得很有情趣。此诗语言自然朴素，形象逼真，不仅表现了诗人登上高楼的愉悦、豪放、可爱、率直，也体现了诗人豪放的诗风，以及浓郁的浪漫主义色彩。

经典名句

不敢高声语，恐惊天上人。

诵读指引

这是一首五言绝句，“辰”“人”押韵，诵读时注意通过语速、语调变化，表现出诗人登上高楼的愉悦之情。

夜宿/山寺

危楼/高/百尺，（“高”重读，上行语势）
手可/摘/星辰。（“摘”重读，平行语势）
不敢/高声语，（“不敢”快读，“高声语”缓读，上行语势）
恐惊/天上人。（语速转慢，“天上人”缓读，平行语势）

宿建德江

G-2

（唐）孟浩然

zhǔ
移舟[1]泊[2]烟渚[3]，
日暮[4]客[5]愁新。
野旷[6]天低树[7]，
江清月近人[8]。

（绘图：2017级老挝学生　潘丽金）

词语解释

［1］移舟：划船。
［2］泊：停靠。
［3］烟渚：雾气笼罩的小块陆地。渚，水中的小块陆地。
［4］日暮：太阳落山。
［5］客：指作者自己。
［6］野旷：原野开阔。
［7］天低树：天似乎比树还要低矮。
［8］月近人：水中的月亮靠近人。

古诗今译

划动小船，把船停靠在雾气弥漫的小沙洲。太阳落山，我的心头涌上新的愁思。原野空旷，远处的天好像比近处的树还要低矮。江水清清，月亮倒映其中，好像更亲近人。

作者简介

孟浩然

字、号：名浩，字浩然，号孟山人，世称“孟襄阳”

籍贯：襄州襄阳（今湖北襄阳）

生卒年：689—740

身份：唐代诗人

获荣誉称号：唐代山水田园诗派代表

代表作：《春晓》《望洞庭湖赠张丞相》《宿建德江》等

作品赏析

诗歌创作于诗人仕途失意、漫游吴越的时候。诗的第一句先写划船停靠烟雾笼罩的小沙洲。第二句写太阳落山，黄昏时候，增添新愁绪。两句诗体现了因果关系，因为太阳落山了，所以江面雾气缭绕，船才要停靠陆地。同时，“日暮”也是“客愁新”的原因，黄昏总能勾起远游的人的无限愁思。第三、四句转写原野开阔，江水清清，明月伴人，感觉亲近。诗人的愁绪看似因为明月得到了慰藉，实际上随着江水流入了海洋。“愁”是全诗的诗眼，围绕着“愁”，诗人眼前的景物和环境都被融入了感情，达到情景交融的效果，诗人内心的忧愁也因此写得淋漓尽致。

经典名句

野旷天低树，江清月近人。

诵读指引

这是一首五言绝句，在诵读时整体节奏要慢，语气语调低沉，表达出游子的愁绪。

宿/建德江

移舟/泊烟渚，（低沉缓慢，“渚”重读，上行语势）
日暮/客愁新。（“愁”重读，平行语势）
野旷/天低树，（“天低树”读得轻而长，上行语势）
江清/月近人。（“月近人”缓读，下行语势）

题都城南庄

G－3

（唐）崔护

去年今日此门中，

人面[1]桃花相映(yìng)[2]红。

人面不知何处去，

桃花依旧笑[3]春风。

（绘图：2017级老挝学生　潘丽佳）

词语解释

[1] 人面：姑娘的脸。在第三句中，“人面”代指姑娘。

[2] 映：映衬。

[3] 笑：形容桃花盛放的样子。

古诗今译

去年春天，在这户人家，我看到姑娘漂亮的脸庞和桃花相互映衬，显得分外红润。今日再来，姑娘不知道去哪里了，只有桃花依旧在春风中盛放。

作者简介

崔 护

字、号：字殷功

籍贯：博陵（今河北定州）

生卒年：772—846

身份：唐代诗人

代表作：《题都城南庄》

作品赏析

这首诗写于诗人参加进士考试失败后，在长安南郊偶遇美女的故事。诗歌前两句写“偶遇”，姑娘和桃花相互映衬的美好景象让诗人念念不忘，相遇的美好画面让人充满想象。后两句写“重寻”，诗人再次重游旧地，想寻得姑娘，却不知所踪，只有桃花依旧。“人面”“桃花”是全诗的线索，通过“去年”和“今日”的对比，写出了“人面桃花，物是人非”的遗憾，表达了无限的伤感。

经典名句

人面不知何处去，桃花依旧笑春风。

诵读指引

这是一首七言绝句，“中”“红”“风”押韵，在诵读时前两句节奏明快，后两句则饱含遗憾，通过适当的语速、重音和语势的起伏变化，表达念念不忘的遗憾之情。

题/都城/南庄

去年/今日/此门中，（“中”重读，上行语势）
人面/桃花/相映红。（“红”重读，平行语势）
人面/不知/何处去，（语速转快，上行语势，读出遗憾之感）
桃花/依旧/笑春风。（“笑春风”读得缓而深沉，“风”重读，下行语势）

赤壁

G－4

（唐）杜牧

折戟(jǐ)[1]沉沙铁未销(xiāo)[2]，
自将[3]磨洗[4]认前朝[5]。
东风不与周郎[6]便(biàn)，
铜雀[7]春深锁(suǒ)二乔[8]。

（绘图：2018级印度尼西亚学生　黄碧素）

词语解释

［1］折戟：折断的战戟。戟，古代兵器的一种。

［2］销：销蚀。

［3］将：拿起。

［4］磨洗：打磨清洗干净。

［5］认前朝：认出来是前朝旧物。

［6］周郎：指三国时期东吴大都督周瑜。

［7］铜雀：指铜雀台，曹操晚年行乐的地方，台上住姬妾歌妓。

［8］二乔：东吴乔公的两个女儿。大女儿嫁给前东吴国主孙策，叫大乔；小女儿嫁给周瑜，叫小乔。

古诗今译

折断的铁戟沉到泥沙中还没有完全销蚀掉，拿起它并打磨清洗干净，看得出是当年赤壁之战遗留下来的兵器。假如不是东风给周瑜提供了便利（赤壁之战周瑜获胜），恐怕大乔和小乔都要被曹操关进铜雀台了。

作者简介

杜　牧

字、号：字牧之，号樊（fán）川居士，后世又称他为“杜樊川”

籍贯：京兆万年（今陕西西安）

生卒年：803—852

身份：唐代诗人

获荣誉称号：创晚唐诗歌高峰，与李商隐合称“小李杜”

代表作：《赤壁》《过华清宫绝句三首》《泊秦淮》《清明》《江南春》等

作品赏析

这是一首咏史诗，第一句通过发现折断的铁戟，点明此地曾经是战场。第二句通过磨洗折断的铁戟发现是赤壁之战留下的兵器，引发诗人的想象，为后文抒情议论做铺垫。第三句把周瑜能在赤壁之战获胜归结为借东风之利。第四句从反面写如果周瑜战败，曹操获胜，将会彻底改变历史形势。不直接描写战场，而是通过侧面写东吴美女的命运，反映出战争局势不同造成结果的反差。“铜雀春深”是富于形象性的诗句，用美人反衬英雄。诗人简单地把战争胜利的原因归结为东风，实际上是隐喻自己军事上的不得志，表达出自己满腹才华不得施展、不得重用的愤懑之情。

经典名句

东风不与周郎便，铜雀春深锁二乔。

诵读指引

这是一首七言绝句，“销”“朝”“乔”押韵，诵读时，通过低沉的语气语调和缓慢的节奏，传达出咏史伤怀的悲凉之意。

赤壁

折戟/沉沙/铁未销，（“铁”重读，下行语势）
自将/磨洗/认前朝。（“认”重读，上行语势）
东风/不与/周郎便，（语速转快，“周郎便”读得重而缓，上行语势）
铜雀/春深/锁二乔。（“锁二乔”缓读，下行语势）

（绘图：华文教育系教师　王琪阳）

逢[1]入京使[2]

G-5

（唐）岑参

故园[3]东望路漫漫[4]，
双袖（xiù）龙钟[5]泪不干。
马上相逢无纸笔，
凭[6]君传语[7]报平安。

（绘图：2018级印度尼西亚学生　陈玲燕）

词语解释

[1] 逢：遇见。
[2] 入京使：回京城的使者。
[3] 故园：指家乡长安。

［4］漫漫：形容路途遥远。
［5］龙钟：沾湿的样子。
［6］凭：托，请。
［7］传语：捎口信。

古诗今译

向东远望家乡长安，路途十分遥远，思乡的泪水沾湿了双袖，擦都擦不完。骑在马上遇到回京城的使者，却没有纸和笔来写封家书，只能托他捎个口信，给我的家人报平安。

作者简介

岑　参

籍贯：荆州江陵（今湖北江陵），一说南阳棘阳（今河南南阳）

生卒年：718—769

身份：唐代诗人

获荣誉称号：盛唐边塞诗派代表诗人，与高适并称“高岑”

代表作：《走马川行奉送封大夫出师西征》《白雪歌送武判官归京》等；有《岑嘉州诗集》

作品赏析

这首诗写于诗人第一次去西域任职途中偶遇返京述职的使者，难免感伤。诗首句塑造了向西远行的旅人思乡的形象。诗人遇到回京城的使者，久久不语，默默凝望东方，家乡越来越远，思乡的泪水不断涌出来，双袖都擦不完。他想要给家里报平安，却没有纸和笔来写封家书，只能请使者捎个口信。诗歌感情真挚，一方面表达了对故园、对家人的思念之情，另一方面又渴望建功立业，两种感情相互交织，感人至深。诗歌充满了边塞生活气息，语言平实，看似信口而成，实则加入了艺术的处理，别有韵味。

经典名句

马上相逢无纸笔，凭君传语报平安。

诵读指引

这是一首七言绝句，“漫”“干”“安”押韵，诵读时通过苦闷的语气和低沉的语调传达出思乡之苦。

逢/入京使

故园/东望/路漫漫，（语速缓慢，“路漫漫”读得缓而深沉，平行语势，读出殷殷思乡之情）

双袖/龙钟/泪不干。（“泪不干”缓读，平行语势）

马上/相逢/无纸笔，（“笔”重读，上行语势，读出遗憾失落之感）

凭君/传语/报平安。（“报平安”读得低缓，平行语势）

梅花

G－6

（宋）王安石

墙角数枝梅，
凌[líng]寒[1]独自开。
遥[2]知不是雪，
为[3]有暗香[4]来。

（绘图：2018 级印度尼西亚学生　谢承良）

词语解释

[1] 凌寒：冒着寒冷。
[2] 遥：远远地。
[3] 为：因为。
[4] 暗香：幽香。

古诗今译

墙角有几枝梅花，冒着严寒独自开放。远远地看着知道那不是雪，因为有梅花的幽香飘过来。

作者简介

王安石

字、号：字介甫，号半山，别称“临川先生”

籍贯：抚州临川（今江西抚州）

生卒年：1021—1086

身份：宋代文学家、改革家、政治家

获荣誉称号：“唐宋八大家”之一

代表作：《临川先生文集》《临川集拾遗》等

作品赏析

这首诗写于诗人改革失败，被罢免宰相，隐居钟山时。此诗语言朴素，却耐人寻味。第一句“墙角数枝梅”，“墙角”突出了“数枝梅”所处环境简陋，却依然孤芳自开，暗含诗人所处环境恶劣，却依旧坚持自己的主张之意。第二句“凌寒独自开”指梅花在恶劣的环境中依然盛放，体现诗人无所畏惧、坚持到底的信念。第三句“遥知不是雪”，“遥知”说明香从很远飘来，淡淡的，不明显；“不是雪”，不直接描述梅花，而梅花的洁白可见。第四句“为有暗香来”，“暗香”指的是梅花的香气，象征着才气。梅花这种坚强而高贵的品格正是诗人品格的真实写照。

经典名句

墙角数枝梅，凌寒独自开。

诵读指引

这是一首五言绝句，在诵读时通过适当的停顿、重音和语势的起伏变化，表达出无所畏惧、坚持到底的信念。

梅花

墙角/数枝梅，（“梅”重读，上行语势）
凌寒/独自开。（“开”重读，平行语势）
遥知/不是雪，（语速转快，上行语势）
为有/暗香来。（“暗香来”读得缓而深沉，“暗”重读，下行语势）

近试上张水部

G－7

（唐）朱庆馀

洞房[1]昨夜停红烛[2]，
待晓[3]堂前拜舅姑[4]。
妆罢(bà)低声问夫婿，
画眉深浅[5]入时无[6]。

（绘图：2018级泰国学生　黄约仕）

词语解释

[1] 洞房：新郎新娘结婚的卧室。
[2] 停红烛：红色的蜡烛一直点亮。停，留。

［3］待晓：等到清早。
［4］舅姑：公公和婆婆。
［5］深浅：妆容浓淡。
［6］入时无：是否合时宜。这里用来借喻文章写得合适不合适。

古诗今译

昨晚洞房花烛夜，红烛一夜通明。清早去厅堂拜见公婆。化妆打扮好轻声问夫君：我的眉毛浓淡画得合时宜吗？

作者简介

朱庆馀

字、号： 名可久，字庆馀

籍贯： 越州（今浙江绍兴）

生卒年： 不详

身份： 唐代诗人

代表作：《近试上张水部》《宫中词》等

作品赏析

这首诗是作者在参加进士科举考试前给水部员外郎张籍看的。第一句写新人成婚，第二句写拜见公婆，这些是中国古代的婚俗。第三、四句写新娘精心梳妆，却不知道自己的装扮能否讨公婆欢心，于是问丈夫眉毛浓淡是否合时宜。实际上诗人是把自己比作新娘，把张籍比作新郎，把主考官比作公婆，以“入时无”代问自己能否考取功名，踏上仕途。新娘这种拜见公婆紧张不安的心情，实际上是诗人面临关系自己政治前途和未来命运的考试时所特有的不安和期待。全诗采用比体写成，写法独特，刻画入微，十分巧妙。

经典名句

妆罢低声问夫婿，画眉深浅入时无。

诵读指引

这是一首七言绝句，“烛”“姑”“无”押韵，在诵读时通过语速、重音和语势的起伏变化，表达出紧张不安的心情。

近试/上/张水部

洞房/昨夜/停红烛，（“停红烛”重读，上行语势）
待晓/堂前/拜舅姑。（“拜”重读，平行语势）
妆罢/低声/问夫婿，（语速转快，声音随诗意略低，平行语势）
画眉/深浅/入时无。（“入时无”读得轻而缓，疑问语气）

渡汉江

G-8

（唐）宋之问

岭外[1]音书[2]断，
经冬复历春。
近乡情更怯[3]，
不敢问来人[4]。

（绘图：2018 级泰国学生　王玲玲）

词语解释

［1］岭外：五岭之外的广东省地区，通称岭南，为唐代罪臣流放地。
［2］书：信。
［3］怯：胆怯。
［4］来人：这里指从家乡来的人。

古诗今译

客居岭南，与家里断绝音信多年。离家乡越来越近，却越来越胆怯，不敢询问从家乡来的人。

作者简介

宋之问

字、号： 字延清，又名少连

籍贯： 虢州弘农（今河南灵宝）

生卒年： 约656—712

身份： 唐代诗人

获荣誉称号： 与沈佺期并称“沈宋”，律诗的奠基人之一

代表作：《江亭晚望》《晚泊湘江》《题大庾岭北驿》《度大庾岭》等

作品赏析

这首诗刻画了诗人思乡情切，久别还乡，激动又矛盾的心理。前两句写诗人被贬岭南与家人隔绝的状况。时空和联系的断绝，加深了诗人被贬期间的苦闷和对家乡亲人的思念之情。后两句写诗人返乡途中的心理变化。诗人长时间没有联系家人，一方面思念他们，想尽快重逢；另一方面也很害怕再见到家人，担心他们在自己被贬后受到牵连。这种担忧很怕被某个熟人证实，所以“不敢问来人”。全诗用简洁的手法，却达到极深远的艺术效果。

经典名句

近乡情更怯，不敢问来人。

诵读指引

这是一首五言绝句，“春”“人”押韵，诵读时整体节奏要慢，注意通过沉重的语气和低沉的语调，传达出即将到家时激动而复杂的心情。

渡/汉江

岭外/音书断，（“断”重读，平行语势）
经冬/复历春。（“春”重读，平行语势）
近乡/情更怯，（“情更怯”轻读，上行语势）
不敢/问来人。（“问来人”读得轻且缓，下行语势）

江上渔者[1]

G－9

（宋）范仲淹

江上往来人，
但[2]爱鲈(lú)鱼美[3]。
君看一叶舟[4]，
出没[5]风波[6]里。

（绘图：2017 级泰国学生　林娇美）

词语解释

[1] 渔者：渔夫，捕鱼的人。
[2] 但：只。
[3] 美：鲜美。

［4］一叶舟：渔船，小船在江中像一片树叶。
［5］出没：时而看得见出现在江面，时而卷入江中看不见。
［6］风波：风浪。

古诗今译

江岸上人来人往，他们只喜爱品尝鲜美的鲈鱼。你看那一叶扁舟，在风浪里时隐时现。

作者简介

范仲淹

字、号：字希文

籍贯：邠州（今陕西彬县）

生卒年：989—1052

身份：北宋思想家、政治家、文学家、军事家

获荣誉称号：世称“范文正公”

代表作：《岳阳楼记》《渔家傲·秋思》《苏幕遮·怀旧》等；《范文正公文集》

作品赏析

这首诗写于诗人在苏州做官，治理水患，在江边查看水情的时候。诗首句写江岸上人很多，十分热闹。次句写“往来”的原因，即“爱鲈鱼”。最后两句写渔民在风浪里捕鱼的艰辛和危险。诗人通过对比的手法，表达出对渔民疾苦的同情，对“往来人”的规劝，跟“谁知盘中餐，粒粒皆辛苦”有异曲同工之妙。全诗通过描述渔民劳作的艰苦，希望唤起人们对民生疾苦的关注，体现了诗人对劳动人民的同情。

经典名句

君看一叶舟，出没风波里。

诵读指引

这是一首五言绝句，“美”“里”押韵，诵读时整体节奏要慢，读出诗人对渔民疾苦的同情。

江上/渔者

江上/往来人，（上行语势）
但爱/鲈鱼美。（“美”重读，下行语势）
君看/一叶舟，（语速转快，上行语势）
出没/风波里。（语速转慢，“风波里”读得重而缓，平行语势）

马诗

G－10

（唐）李贺

大漠[1]沙如雪，
yān
燕山月似钩[2]。
luò
何当[3]金络脑[4]，
快走踏[5]清秋[6]。

（绘图：2017 级泰国学生　杨王琪）

词语解释

[1] 大漠：广袤的沙漠。
[2] 钩：古代兵器的一种。

[3] 何当：什么时候。
[4] 金络脑：金络头，用黄金装饰的马笼头。
[5] 踏：跑。
[6] 清秋：清爽的秋天。

古诗今译

广袤的沙漠，在月光下就像铺上了一层白雪。燕山上的一弯明月，就像弯刀一样。什么时候才能套上威武的马笼头，在秋天的战场上驰骋、建功立业呢？

作者简介

李　贺

字、号：字长吉

籍贯：河南福昌（今河南宜阳）

生卒年：790—816

身份：中唐著名诗人

获荣誉称号：长吉体诗歌开创者，有“诗鬼”之称，与李白、李商隐并称“唐代三李”

代表作：《雁门太守行》《李凭箜篌引》等

作品赏析

这是一首咏物诗，诗表面上写马，实际上是借马抒情，抒发诗人怀才不遇、不被赏识的愤慨和渴望建功立业的豪情。诗前两句“沙如雪”“月似钩”描写了壮阔的边塞风光，悲凉的战场在报国之士眼中却是施展抱负的用武之地。后两句借马抒情，用“何当”设问，表现诗人对战场的渴望。“金络脑”象征马受重用，表现诗人希望能受重用，在沙场建功立业的抱负。“快走”“踏”暗示出骏马矫健的风姿；“清秋”寓意草黄马壮，正好奔驰。第一、二句用“比”，以雪比喻沙，以钩比喻月；第三、四句是“兴”，从景色引发抒情，增强了诗的表现力。诗人字斟句酌，寓意精妙。

经典名句

大漠沙如雪，燕山月似钩。

诵读指引

这是一首五言绝句，“钩”“秋”押韵，诵读时通过豪迈的语气表现诗人渴望有机会建功立业的热情。

马诗

大漠/沙如雪，（“沙如雪”读得缓而重，下行语势）
燕山/月似钩。（上行语势）
何当/金络脑，（“脑”重读，上行语势）
快走/踏清秋。（“快走”语速略快，“踏清秋”读得缓而重，下行语势）

无题[1]

G－11

（唐）李商隐

相见时难别亦(yì)难，东风[2]无力百花残[3]。

春蚕到死丝[4]方[5]尽，蜡(là)炬(jù)[6]成灰泪[7]始干。

晓镜[8]但[9]愁云鬓(bìn)[10]改，夜吟应觉[11]月光寒。

蓬(péng)山[12]此去无多路，青鸟[13]殷(yīn)勤(qín)[14]为探看(kān)[15]。

（绘图：2018 级印度尼西亚学生　陈玲燕）

词语解释

［1］无题：诗人不愿意明确表示诗歌主题时，常用“无题”作为标题。
［2］东风：春风。
［3］残：凋零。
［4］丝：春蚕吐出的丝，谐音“思”，以“丝”喻“思”，含相思之意。
［5］方：才。
［6］蜡炬：蜡烛。
［7］泪：指燃烧时的蜡烛油，这是双关语，暗含相思的眼泪。
［8］晓镜：早晨梳妆照镜子。
［9］但：只。
［10］云鬓：女子多而美的头发，这里比喻青春年华。
［11］应觉：应该会感觉到，这是诗人的设想之词。
［12］蓬山：蓬莱山，传说中的海上仙山，这里指所思女子的住处。
［13］青鸟：神话中为西王母传递音讯的使者。
［14］殷勤：情谊恳切深厚。
［15］探看：探望。

古诗今译

（我们）相见很难，离别时更难，此时春风无力、百花凋谢。春蚕结茧到死时，丝才吐完；蜡烛要烧成灰烬时，像泪一样的蜡油才能滴干。早晨梳妆照镜，只担忧乌黑的头发改了颜色。长夜漫漫独自吟诗，应会感到月色的寒凉吧。蓬莱山离这儿不远，却无路可通，烦请青鸟一样的使者，殷勤地为我去探望。

作者简介

李商隐

字、号：字义山，号玉溪生

籍贯：怀州河内（今河南沁阳）

生卒年：812—858

身份：晚唐诗人

获荣誉称号：与杜牧合称为“小李杜”

代表作：《锦瑟》《夜雨寄北》《乐游原》；《李义山诗集》

作品赏析

这首诗是李商隐众多爱情诗中的代表作，其特点在于没有描写具体的恋爱过程，而只写诗人相思的内心世界，并且常从对方着笔，感情回环往复、深厚缠绵。诗歌采用比兴、象征的手法，以细密精工的比喻、回环往复的抒情，表达了诗人执着缠绵的爱情追求，具有无比震撼人心的力量。

诗歌前四句写相思离别的痛苦和对爱情的执着，后四句深情地表达对女方的体贴和对相见的希冀。其中“春蚕到死丝方尽，蜡炬成灰泪始干”一联成为千古传诵的名句：春蚕把丝吐尽而亡，就像我对你的无尽相思会持续到死的那一刻；蜡烛燃烧成灰，像滴完了自己的眼泪，而我对你的爱如同蜡烛，在燃烧中热烈而痛苦，为了燃烧而不惧死亡，在燃烧成灰中追求闪亮和光耀！这两句不愧为描写爱情的绝唱，表达了诗人对爱情执着缠绵的追求，在濒临绝望中显出无比强大的力量。读罢此诗，我们会感动不已，因为诗歌已经从爱情层面上升到了人生追求的层面，写出了生命过程的壮烈与悲痛。何人是春蚕？何人是蜡炬？就是那些找寻到了爱、理想、抱负、责任，像春蚕和蜡炬一样执着追求、情愿付出的人。他们无怨无悔，最终实现了属于自己的生命价值。

经典名句

春蚕到死丝方尽，蜡炬成灰泪始干。

诵读指引

这首爱情诗写得深情缠绵，诵读时适合采用较为缓慢的语速，表现每一联中的情感：相思离别的痛苦、爱情的执着坚定、遥想心中人时的体贴、对见面的期盼。诗歌“二二三”的句式节奏较易把握。

无题

相见/时难/别亦难，（语速缓，“相见”“别”重读）
东风/无力/百花残。（语速缓，上行语势）
春蚕/到死/丝方尽，（“丝”重读，上行语势）
蜡炬/成灰/泪始干。（“泪”重读，声音延长，下行语势）
晓镜/但愁/云鬓改，（上行语势，有遥想对方之意）
夜吟/应觉/月光寒。（“月光寒”声音延长，读出关切之情）
蓬山/此去/无多路，（语速平缓，上行语势）
青鸟/殷勤/为探看。（“为探看”声音延长，读出叮嘱之情）

黄鹤楼[1]

G－12

（唐）崔颢（hào）

昔人[2]已乘（chéng）黄鹤（hè）去[3]，此地空余黄鹤楼。
黄鹤一去不复返，白云千载（zǎi）[4]空[5]悠悠[6]。
晴川[7]历历[8]汉阳[9]树，芳草萋（qī）萋[10]鹦（yīng）鹉（wǔ）洲[11]。
日暮乡关[12]何处是？烟波江上使人愁。

（绘图：2018 级马来西亚学生　林学瑾）

词语解释

［1］黄鹤楼：在今湖北省武汉市蛇山之上，俯瞰长江。黄鹤楼与湖南岳阳楼、江西滕王阁并称“江南三大名楼”。

［2］昔人：指传说中的仙人王子安，曾驾鹤经过这里。又传说有一位名叫费文祎(yī)的仙人得道成仙后，曾驾鹤回来，在这里休息。

［3］去：离开。

［4］千载：千年。

［5］空：徒然。

［6］悠悠：飘荡的样子。

［7］川：汉水。

［8］历历：清楚可数。

［9］汉阳：地名，今湖北省武汉市汉阳区，与黄鹤楼隔江相望。

［10］萋萋：形容草木长得茂盛。

［11］鹦鹉洲：原在湖北省武汉市武昌区西南的长江中，后被水冲没。

［12］乡关：故乡。

古诗今译

过去的仙人已经驾着黄鹤飞走了，这里只留下了空荡荡的黄鹤楼。黄鹤一飞去就不再飞回，千年来只看见白云飘飘荡荡。远望晴朗的汉江对岸，汉阳的树木清晰可见，江中的鹦鹉洲上芳草茂盛。黄昏时分我的家乡在哪里呢？江面上烟波茫茫让人很是烦愁。

作者简介

崔　颢

籍贯：博陵安平（今河北安平）

生卒年：？—754

身份：盛唐诗人

代表作：《黄鹤楼》《辽西作》等；《崔颢集》

作品赏析

这首七律《黄鹤楼》广为后人所称颂，被《唐诗三百首》列为七律之首。关于这首诗，有一个有趣的传说。当年李白登上黄鹤楼时，原想赋诗一首，可看见墙上崔颢的这首诗作，不禁发出赞叹：“眼前有景道不得，崔颢题诗在上头。”直到后来李白游历南京时，才仿照这首《黄鹤楼》写下了《登金陵凤凰台》一诗，与崔颢一争高下。

这首诗的前四句紧扣诗题，引用黄鹤楼的传说，感慨黄鹤楼千年以来所发生的变化，仙人已去，只留下这座楼还依然屹立；黄鹤已飞，只有白云依然如故、自由飘荡。这里诗人连用了三个“黄鹤”、两个“去”字、两个“空”字，语词流利自然，连贯而下，读起来没有重复多余之感。这首律诗的第三联是对偶句，写诗人登临黄鹤楼上所看到的景色，汉阳的树木清晰可见，江中的鹦鹉洲芳草茂盛；看到无边的芳草，诗人自然又想到了千里之外的家乡，可此时烟霭沉沉，望也望不见，只是白白地增添了乡愁。从整体来说，这首诗没有什么重大深厚的主题，主要写登楼所见和自己的乡愁，但它贵在写得自然明白，说出了人们心中的普遍感受，所以一直为大众所喜爱。

经典名句

昔人已乘黄鹤去，此地空余黄鹤楼。
黄鹤一去不复返，白云千载空悠悠。

诵读指引

这首诗诵读时语调略显低沉，以感慨古今变化和抒发思乡之情，但在写景的第三联上，要稍做变化，以较为明朗的语调诵读，达到与内容的和谐。

黄鹤/楼

昔人/已乘/黄鹤去，（语速平缓，平行语势）
此地/空余/黄鹤楼。（语调略显低沉，下行语势）
黄鹤/一去/不复返，（“不复返”语速加快，上行语势）
白云/千载/空悠悠。（“空悠悠”声音延长，含怅惘之意）
晴川/历历/汉阳树，（语速稍快，平行语势）
芳草/萋萋/鹦鹉洲。（“鹦鹉洲”声音延长，平行语势）
日暮/乡关/何处是？（“何处”重读，上行语势，读出疑问语气）
烟波/江上/使人愁。（“使人愁”声音延长，下行语势，读出忧愁之感）

望洞庭湖[1]赠张丞相[2]

G－13

（唐）孟浩然

八月湖水平，涵(hán)虚[3]混(hùn)太清[4]。

气[5]蒸(zhēng)[6]云梦泽[7]，波撼(hàn)岳阳城[8]。

欲济[9]无舟楫(jí)[10]，端居[11]耻(chǐ)圣明[12]。

坐观[13]垂钓者，徒(tú)[14]有羡(xiàn)鱼情[15]。

（绘图：2017 级泰国学生　苏佩英）

词语解释

[1] 洞庭湖：在今湖北省武汉市蛇山之上，俯瞰长江。黄鹤楼与湖南岳阳楼、江西滕王

阁并称“江南三大名楼”。

［2］张丞相：唐代诗人张九龄（673—740），韶州曲江（今广东韶关）人，当时担任丞相。

［3］涵虚：包含天空。涵，包含。虚，指天空。

［4］太清：指天空。

［5］气：水汽。

［6］蒸：蒸发。

［7］云梦泽：洞庭湖的别名。古时的云梦泽范围很大，包括现在湖北省的东南部、湖南省北部的低洼之地。

［8］岳阳城：今湖南省岳阳市，在洞庭湖东岸。

［9］济：渡河。

［10］舟楫：小船和桨。

［11］端居：隐居。

［12］耻圣明：有愧于太平时代。

［13］坐观：坐视、旁观。

［14］徒：徒然、白白地。

［15］羡鱼情：想得到鱼的愿望。这里用了《淮南子》的一句话：“临河而羡鱼，不若归家织网。”它的意思是说与其在河边羡慕别人钓鱼成功，不如自己回家去织网，准备钓鱼的工具，也就是说要为目标采取实际行动。这里暗含自己想做官希望得到引荐之意。

古诗今译

八月的洞庭湖水上涨，与岸齐平，天空倒映在湖水中，水天一色。水汽茫茫从湖面上蒸腾而起，波涛汹涌似乎要把岳阳城撼动。我想过河却没有船与桨可用，在太平时代隐居，让我觉得实在惭愧。闲坐观看别人辛勤临河垂钓，可惜只能空怀一片羡鱼之情。

作者简介

孟浩然

字、号：名浩，字浩然，号孟山人，世称“孟襄阳”

籍贯：襄州襄阳（今湖北襄阳）

生卒年：689—740

身份：唐代诗人

获荣誉称号：唐代山水田园诗派代表

代表作：《春晓》《望洞庭湖赠张丞相》《宿建德江》等

作品赏析

这是一首五言律诗。诗人一面吟咏洞庭湖壮阔的景色，一面表达自己想出来做官、希望得到张丞相推荐的心情。第一、二句写八月的洞庭湖水势浩大，平满的水面装得下整个天空，湖水和天空相接在一起。第三、四句描写湖上的景色，水汽蒸腾而上，波浪冲击拍打着旁边的岳阳城，洞庭湖的开阔、气势的雄大被表现了出来，这一联也成了千古以来描写洞庭湖的名句。有了前四句描写湖水浩瀚的基础，诗歌后四句巧妙地转写到请求引荐上，说诗人想过湖，可惜没有船和桨，在这太平盛世如果不出来做官、有一番作为，觉得实在太羞愧。看到那些钓上来鱼儿的渔者，诗人也只能在一旁羡慕而已。这里诗人就在暗示张丞相，希望能得到他的提拔和推荐，但表达得比较含蓄。

经典名句

气蒸云梦泽，波撼岳阳城。

诵读指引

这首诗的难点字较多，注意读准字音，“清”“明”“情”押韵，诵读时前四句要体现洞庭湖湖水辽阔、水天相接的气势，后四句注意表达出诗人渴求得到张丞相推荐的心情。

望/洞庭湖/赠/张丞相

八月/湖水平，（起调平缓，平行语势）
涵虚/混太清。（“混”重读，平行语势）
气蒸/云梦泽，（“云梦泽”声音延长，上行语势）
波撼/岳阳城。（“岳阳城”声音延长，平行语势）
欲济/无舟楫，（“无”重读，上行语势）
端居/耻圣明。（“耻”重读，下行语势）
坐观/垂钓者，（语速平缓，平行语势）
徒有/羡鱼情。（“羡鱼情”声音延长，下行语势）

闻[1]官军[2]收[3]河南河北

G－14

（唐）杜甫

剑外[4]忽传收蓟(jì)北[5]，初闻涕(tì)[6]泪满衣裳(cháng)。

却看[7]妻子[8]愁何在？漫卷(juǎn)[9]诗书喜欲狂[10]。

白日放歌[11]须[12]纵(zòng)酒[13]，青春[14]作伴[15]好还(huán)乡。

即[16]从巴峡(xiá)[17]穿巫(wū)峡[18]，便[19]下襄(xiāng)阳向洛阳。

（绘图：2018级马来西亚学生　林学瑾）

词语解释

［1］闻：听说。
［2］官军：指唐朝军队。
［3］收：收复，收回。
［4］剑外：剑门关以南，这里指四川。
［5］蓟北：今河北北部地区，是当时安史叛军的根据地。
［6］涕：眼泪。
［7］却看：回头看。
［8］妻子：妻子和孩子。
［9］漫卷：胡乱地卷起。
［10］喜欲狂：高兴得简直要发狂。
［11］放歌：放声高歌。
［12］须：应当。
［13］纵酒：开怀痛饮。
［14］青春：明丽的春景。
［15］作伴：相随陪伴。
［16］即：立刻。
［17］巴峡：长江巴县一带的江峡。
［18］巫峡：长江三峡之一。
［19］便：就。

古诗今译

剑外忽然传来收复河北的消息，刚听到消息时眼泪鼻涕流满了衣裳。回头看妻子和孩子，哪里还有一点忧愁？只能胡乱地卷起诗书，欣喜若狂。白天放声高歌，痛饮美酒，在这明媚的春光中和妻儿做伴一同返回家乡。就要从巴峡穿过巫峡，经过襄阳就直奔家乡洛阳了啊。

作者简介

杜　甫

字、号：字子美，自称少陵野老，世称杜少陵、杜工部

籍贯：河南巩县（今河南巩义）

生卒年：712—770

身份：曾任检校工部员外郎，唐代现实主义诗人

获荣誉称号：“诗圣”；与李白并称“李杜”；其诗作人称“诗史”

代表作：诗作《春望》《北征》等；“三吏”“三别”；《杜工部集》

作品赏析

理解这首诗必须了解这首诗的写作背景。当时，唐王朝正遭受着安史叛乱的痛苦，战争已经持续 7 年之久，老百姓承受着巨大的苦难。这年杜甫 52 岁，在四川多地漂泊，也吃尽了苦头。当听到洛阳、河北等地终于被唐朝军队收复的好消息时，他内心激动不已，动乱平定，国家统一，希望就在眼前，他终于可以回家了。因此，诗人挥笔写下这首脍炙人口的名作，以抒发自己万分喜悦的心情。

诗歌第一联点题，写听到好消息时的第一反应。因为胜利的消息来得太突然，诗人竟没有开怀大笑，而是“涕泪满衣裳”，这一描写真实而形象。国家多年动荡，百姓流离失所，个人多年漂泊，种种心酸、种种往事一时都涌上心头，诗人不禁喜极而悲。第二联写妻儿的反应，烘托出诗人的快乐。杜甫的妻子孩子跟他一起经受了生活中的很多苦难，当杜甫回头看他们时，妻儿早已眉开眼笑，一扫往日的愁云。杜甫更没有什么心思看书写字了，只能胡乱地卷起诗书，和家人一起同享快乐。第三、四联进一步抒发自己的喜悦之情。他不仅要唱歌，还要痛快地喝酒，而且决定立刻趁着春光返回家乡洛阳。回家的欢快占据着杜甫的内心，他情不自禁地设计起回家的路线来。第四联对仗工整，这里诗人连用了四个地名：巴峡、巫峡、襄阳、洛阳，原本千里之遥的路程在诗人心中就这样跳跃而过，千山万水也无法阻挡他回家的脚步：在想象中他已经坐着小船轻快地沿长江而下，从襄阳北上了洛阳！这首诗主要抒发杜甫听到胜利消息的喜悦之情，句句都突出一个“喜”字，喜悦的情感激荡不已，如浪潮一样不断奔涌向前。因此，这首诗也被后人称为杜甫“生平第一快诗”。

经典名句

即从巴峡穿巫峡，便下襄阳向洛阳。

诵读指引

这首诗诵读时重点把握一个“喜”字，诗人的情感发展是从开始的悲喜交加，到放歌纵酒的痛快发狂，再到后来的轻松畅想，情感线索比较清楚，可选择适宜的语调和语速。第一联起势平稳；第二联逐渐高涨；第三联语调高昂，情感最为饱满；第四联相对轻快些，表现地名之间有跳跃感。“裳”“狂”“乡”“阳”押韵，需读得声韵饱满。

闻/官军/收/河南/河北

剑外/忽传/收蓟北，（“忽传”语速稍快，平行语势）
初闻/涕泪/满衣裳。（“满衣裳”声音延长，平行语势）
却看/妻子/愁何在？（“愁何在”声音延长，上行语势，读出反问语气）
漫卷/诗书/喜欲狂。（“喜欲狂”重读，读出欢喜之情，下行语势）
白日/放歌/须纵酒，（“须纵酒”重读，上行语势）
青春/作伴/好还乡。（“好还乡”，上行语势）
即从/巴峡/穿巫峡，（语速加快，“巴峡”“巫峡”读出跳跃感）
便下/襄阳/向洛阳。（“洛阳”声音延长，读出无限向往之情，上行语势）

采桑子·群芳过后西湖好

G－15

（宋）欧阳修

群芳过后[1]西湖[2]好：狼籍(jí)残红[3]，飞絮濛濛(xù méng)[4]，垂柳阑(lán)干[5]尽日风。

笙(shēng)歌[6]散[7]尽游人去[8]，始觉春空。垂下帘栊(lóng)[9]，双燕归来细雨中。

（绘图：2017级蒙古学生　诺敏）

词语解释

［1］群芳过后：指百花凋零之后。群芳，百花。

［2］西湖：这里的西湖是指颍州西湖，在今天安徽阜阳西北，风景优美。

［3］狼籍残红：形容残花纵横散乱的样子。狼籍，同“狼藉”，形容散乱的样子。残红，落花。

［4］濛濛：今写作“蒙蒙”。形容细雨迷蒙的样子，这里是用来形容飞扬的柳絮。

［5］阑干：横斜，纵横交错的样子。

［6］笙歌：笙管伴奏的歌声。

［7］散：消失，这里是指乐声停止。

［8］去：离开，离去。

［9］帘栊：窗帘和窗棂，泛指门窗的帘子。

古词今译

虽说百花已然凋落，但暮春时节的西湖依然很美；残花轻盈飘落，点点残红在纷杂的枝叶间分外醒目；柳絮漫天飞扬，好似细雨迷蒙。垂落的杨柳纵横交错，在和风中随风飘荡，摇曳多姿。

笙箫歌声渐渐消歇，游人也已尽兴散去，才开始觉得一片空寂。回到居室，放下帘栊，只见燕子从蒙蒙细雨中双双归来。

作者简介

欧阳修

字、号：字永叔，自号醉翁，晚号“六一居士”

籍贯：吉州永丰（今江西永丰）

生卒年：1007—1072

身份：北宋政治家、文学家、史学家

获荣誉称号：北宋文坛领袖，“唐宋八大家”之一，“千古文章四大家”之一

代表作：文《朋党论》《五代史伶官传序》《醉翁亭记》《丰乐亭记》《秋声赋》等；诗《戏答元珍》《画眉鸟》等；词《采桑子·群芳过后西湖好》《踏莎行·候馆梅残》《生查子·去年元夜时》《蝶恋花·庭院深深深几许》等。有《新五代史》《欧阳文忠公文集》存世

作品赏析

这是欧阳修的组词《采桑子》十首中的第四首。此词是欧阳修晚年居住在安徽颍州时所作，歌咏颍州西湖暮春时节所特有的静谧清疏之美，通过对暮春美景的描写，反映了词人幽微的心理状态，以及寄情湖山的闲适之情。文字疏隽，含蓄蕴藉。

通常人们都只会欣赏繁花盛开的春景，然而，在词人眼里，暮春时节的西湖却别有一番景致。尽管花已凋落，笙歌散尽，但正是这个时候才让人体会到一种空寂的美。这份安谧正是词人所需要的。这种历经繁华之后的闲淡胸怀与别具一格的审美感受，正是这首词有别于其他咏春词的独到之处，彰显了词人静观自适的心态以及恬适淡泊的胸襟。

经典名句

垂下帘栊，双燕归来细雨中。

诵读指引

这首词通过对西湖暮春美景的描写，反映了欧阳修历经宦海沉浮之后静闲自适的旷达情怀和恬淡的心境，情感深沉而悠闲，读的时候节奏要适当放慢。具体节奏如下：

采/桑子·群芳/过后/西湖/好

群芳/过后/西湖好：（语速平缓，“好”重读，“西湖好”延长读音）
狼籍/残红，飞絮/濛濛，（“残红”“濛濛”轻读，上行语势）
垂柳/阑干/尽日风。（语速平缓，“尽日风”重读，声音延长，下行语势）
笙歌/散尽/游人去，（语速加快，上行语势）
始觉/春空。（语速减缓，下行语势）
垂下/帘栊，（上行语势）
双燕/归来/细雨中。（语速由快到慢，“细雨中”延长读音，下行语势）

相见欢[1]·林花谢[2]了春红[3]

G－16

（南唐）李煜

林花谢了春红，太匆匆。无奈朝来寒雨[4]晚来风。

胭脂（yān zhī）泪[5]，相留醉[6]，几时重（chóng）[7]。自是[8]人生长恨水长东。

（绘图：2018 级马来西亚学生　林学瑾）

词语解释

[1] 相见欢：原为唐教坊曲名，后用为词牌名，又名“乌夜啼”“秋夜月”“上西楼”“忆真妃”“月上瓜州”等。

[2] 谢：凋谢。

［3］春红：春天的花朵。

［4］无奈朝来寒雨：一作“常恨朝来寒重”。

［5］胭脂泪：原指女子的眼泪，因女子脸上搽有胭脂，泪水流经脸颊时沾上胭脂的红色。在这里，胭脂是指林花著雨的鲜艳颜色，指代美好的花。

［6］相留醉：一作“留人醉”。

［7］几时重：什么时候再度相会。

［8］自是：自然是，必然是。

古词今译

树上的红花已然凋谢，春光未免去得太过匆忙。实在是无可奈何啊，花儿怎么经得起那凄风苦雨的昼夜摧残呢？

被雨水淋过的红花娇艳欲滴，好像那美人的胭脂泪。花儿和怜花人相互留恋，如醉如痴，什么时候才能再次重逢？人生从来就是令人遗憾的事情太多，就像那滚滚东逝的江水，无休无止，永无尽头。

作者简介

李　煜

字、号：初名从嘉，字重光，号钟隐、莲峰居士

籍贯：徐州彭城（今江苏徐州）

生卒年：937 — 978

身份：南唐末代国君

获荣誉称号：词的成就最高，被称为“千古词帝”

代表作：《虞美人》《浪淘沙》《乌夜啼》等

作品赏析

这是五代十国时期南唐后主李煜的一首即景抒情的典范之作，此词作于词人身为阶下囚时期。待罪被囚的生活使他感到极大的痛苦，成天以泪洗面。时值暮春，眼前的一派残景引起了他人生失意的慨叹。这首词表面上是伤春咏别，实际上是抒写“人生长恨水长东”的深沉悲慨。这种悲慨不仅为词人个人所有，而且是整个人类共有的一种生命缺憾，它以借景抒情的形式巧妙地表达了无数人痛苦的人生体验，因此千载之后仍然能引起广大读者的共鸣。

这首小令语言明白如话，自然易晓，体现了李煜创作“纯任天然”“不加修饰”的特点。

经典名句

胭脂泪，相留醉，几时重。自是人生长恨水长东。

诵读指引

这是一首极度悲伤的抒情词，感情深沉，朗读时语调要适当低沉，节奏要慢。具体节奏如下：

相见/欢·林花/谢了/春红

林花/谢了/春红，（语速缓慢，语调低沉，上行语势）

太/匆匆。（“太”重读，读出无奈的感情，平行语势）

无奈/朝来寒雨/晚来风。（语速由快到慢，“晚来风”重读，下行语势）

胭脂/泪，（“泪”重读，下行语势）

相留/醉，（“醉”重读，上行语势）

几时/重。（“重”重读，下行语势）

自是/人生长恨/水长东。（语速由快到慢，“水长东”重读，声音延长，字字读得缓慢而沉重，平行语势）

记承天寺[1]夜游

G－17

（宋）苏轼

元丰六年[2]十月十二日夜，解衣欲睡，月色入户[3]，欣然[4]起行[5]。念[6]无与为乐者，遂(suì)[7]至承天寺寻张怀民[8]。怀民亦未寝(qǐn)[9]，相与[10]步于中庭[11]。庭下如积水空明[12]，水中藻荇(zǎo xìng)[13]交横，盖[14]竹柏(bǎi)影也。何夜无月？何处无竹柏？但[15]少闲人[16]如吾(wú)两人者耳[17]。

（绘图：2018 级马来西亚学生　林学瑾）

词语解释

［1］承天寺：故址在今天湖北黄冈城南。

［2］元丰六年：1083 年。元丰，宋神宗赵顼年号。这是苏轼因乌台诗案被贬到黄州的第四年。

［3］户：这里指门。

［4］欣然：形容高兴、愉快的样子。

［5］行：散步。

［6］念：想到。

［7］遂：于是，就。

［8］张怀民：苏轼的朋友，名梦得，字怀民，河北清河人。元丰六年也被贬到黄州，当时寓居在承天寺。

［9］寝：睡，卧。

［10］相与：共同，一起。

［11］中庭：庭院里。

［12］空明：形容水澄澈的样子，这里用来形容月色如水般澄净明亮。

［13］藻荇：均为水生植物，这里是指水草。藻，水草的总称。荇，一种多年生水草，叶子呈心形，夏季开黄色花。

［14］盖：句首语气词，可译为“原来是”。

［15］但：只是。

［16］闲人：这里是指不追求名利而能从容流连光景的人。苏轼这时被贬为黄州团练副使，这是一个有职无权的官，十分清闲，因此自称“闲人”。

［17］耳：语气词，相当于“而已”，意为“罢了”。

古文今译

元丰六年十月十二日夜晚，我正脱衣准备睡觉，这时恰好看到月光穿过门和窗户照射进来，一时兴起，高兴地起身出了门。想到没有可以共同游乐的人，就到承天寺去寻找张怀民。张怀民也还没有睡觉，我俩就一起在庭院中散步。庭院中的月色犹如一潭清澈透明的积水，还有水草在其中纵横交错，原来那是庭院里的竹子和松柏的影子。哪一个夜晚没有月亮？哪个地方没有竹子和柏树？只不过是少了两个像我们这样清闲的人罢了。

作者简介

苏　轼

字、号：字子瞻，号东坡居士

籍贯：眉州眉山（今四川眉山）

生卒年：1037—1101

身份：宋代文学家、书法家、画家

获荣誉称号：“唐宋八大家”之一；追赠太师，谥号“文忠”

代表作：诗作《赤壁赋》《题西林壁》等；词作《水调歌头·明月几时有》《念奴娇·赤壁怀古》等

作品赏析

苏轼一生经历坎坷，曾多次被贬官。这篇小文写于宋神宗元丰六年（1083），正值他人生遭到第一次重大打击，从京城被贬谪到黄州任团练副使的第四年。作为一个有职无权的闲官，作者过了几年闲散的生活，心情必然是忧郁的，但仍然保持着对生活的热爱之情。

千年之前，就在这样一个月夜，苏轼见“月色入户”，犹如见到了久违的知心朋友，于是一时兴起，欣然邀请好友张怀民一同赏月下之景。两人一起在承天寺中夜游，只见皎洁的月光洒满庭院，庭院宛如一池春水，月影下的松柏宛然水草般在池中摇曳。作者为读者描绘出一个静谧安详又冰清玉洁的透明境界。这个透明的境界，正是作者心境的体现，我们从中可见到作者光明磊落、胸无尘俗的襟怀。

文章结尾：“何夜无月？何处无竹柏？但少闲人如吾两人者耳。”虽然多少有些宦海沉浮的悲凉之感，但无疑更包含了作者由此而领悟到的人生哲理。身处逆境之中，尚且能够领略世间的美好，这正是苏轼的伟大之处。

经典名句

何夜无月？何处无竹柏？但少闲人如吾两人者耳。

诵读指引

这是一篇情景交融的散文小品，感情真挚，一气呵成，感情基调闲适明快，朗读时候注意文中的句末“行”“民”“庭”押韵处要稍微停顿，要读出其中的韵味。

绿（节选）

G－18

朱自清

（绘图：2018 级印度尼西亚学生　谢承良）

梅雨潭闪闪的绿色招引着我们，我们开始追捉她那离合的神光了。揪着草，攀着乱石，小心探身下去，又鞠躬(jū gōng)[1]过了一个石穹(qióng)门[2]，便到了汪汪一碧的潭边了。

瀑布在襟(jīn)袖之间[3]，但我的心中已没有瀑布了。我的心随潭水的绿而摇荡。那醉人的绿呀！仿佛一张极大极大的荷叶铺着，满是奇异的绿呀。我想张开两臂抱住她，但这是怎样一个妄想啊。

站在水边，望到那面，居然觉着有些远呢！这平铺着、厚积着的绿，着实可爱。她松松地皱缬(zhòu xié)[4]着，像少妇拖着的裙幅；她滑滑的明亮着，像涂了“明油”一般，有鸡蛋清那样软，那样嫩；她又不杂些儿尘滓(zǐ)[5]，宛然一块温润的碧玉，只清清的一色——但你却看不透她！

我曾见北京什刹(shíchà)海[6]拂(fú)地的绿杨，脱不了鹅黄的底子，似乎太淡了。我又曾见过杭州虎跑寺近旁高峻而深密的“绿壁”，丛叠着无穷的碧草与绿叶的，那又似乎太浓了。其余呢，西湖的波太明了，秦淮河的也太暗了。可爱的，我将什么来比拟你呢？我怎么比拟得出呢？大约潭是很深的，故能蕴蓄(yùn xù)[7]着这样奇异的绿；仿佛蔚蓝的天融了一块在里面似的，这才这般的鲜润啊。

那醉人的绿呀！我若能裁你以为带，我将赠给那轻盈的舞女，她必能临风飘举了。我若能挹(yì)[8]你以为眼，我将赠给那善歌的盲妹，她必明眸(móu)善睐(lài)[9]了。我舍不得你，我怎舍得你呢？我用手拍着你，抚摩着你，如同一个十二三岁的小姑娘。我又掬(jū)[10]你入口，便是吻着她了。我送你一个名字，我从此叫你“女儿绿”，好么？

我第二次到仙岩的时候，我不禁惊诧于梅雨潭的绿了。

词语解释

[1] 鞠躬：弯腰。
[2] 穹门：拱形的门。
[3] 襟袖之间：在衣襟和袖子之间，形容很近。
[4] 皱缬：带折皱的印花织物。这里形容水面的波纹。
[5] 尘滓：细小的灰尘和渣滓。
[6] 什刹海：北京的名胜之一。
[7] 蕴蓄：蕴藏和积蓄。
[8] 挹：把水舀出来。
[9] 明眸善睐：形容女子眼睛又明亮又灵活。
[10] 掬：用两手捧起。

作者简介

朱自清

字、号：原名自华，号秋实，后改名自清，字佩弦

籍贯：浙江绍兴

生卒年：1898—1948

身份：中国现代著名散文家

代表作：散文《背影》《荷塘月色》《春》《绿》等

作品赏析

《绿（节选）》是朱自清在1924年2月写成的一篇写景散文。文中记述了作者游览浙江仙岩梅雨潭的经历，本文节选部分主要描写了梅雨潭的“绿”。文中先写了作者来到瀑布旁边，看到“醉人的绿”，接着用了很多拟人的手法，把“绿”比作女子；又用了对比的方式，与什刹海、西湖、秦淮河等河水的绿相比，看出梅雨潭绿得“鲜润”；最后把梅雨潭的“绿”比作“女儿绿”，显出这种绿的可爱。整篇文章的文字清新生动，修辞手法多样，是写景的经典名文。

经典名句

我的心随潭水的绿而摇荡。那醉人的绿呀！仿佛一张极大极大的荷叶铺着，满是奇异的绿呀。

诵读指引

《绿（节选）》是写景散文，朗读基调应该较为舒缓、平静。第 4 ~ 5 段中，有几个设问句和反问句，朗读时应该注意分别读出降调或升调。如：

“可爱的，我将什么来比拟你呢？（↓）我怎么比拟得出呢？（↑）”再如“我舍不得你，我怎舍得你呢？（↑）”还有“我送你一个名字，我从此叫你‘女儿绿’，好么？（↑）”

海滨仲夏夜（节选）

G－19

峻青

（绘图：2017 级泰国学生　苏佩英）

夕阳落山不久，西方的天空，还燃烧着一片橘(jú)红[1]色的晚霞。大海，也被这霞光染成了红色，而且比天空的景色更要壮观。因为它是活动的，每当一排排波浪涌起的时候，那映照在浪峰上的霞光，又红又亮，简直就像一片片霍霍(huòhuò)[2]燃烧着的火焰，闪烁着，消失了。而后面的一排，又闪烁着，滚动着，涌了过来。

天空的霞光渐渐地淡下去了，深红的颜色变成了绯(fēi)红[3]，绯红又变为浅红。最后，当这一切红光都消失了的时候，那突然显得高而远了的天空，则呈现出一片肃穆(sù mù)[4]的神色。最早出现的启明星，在这深蓝色的天幕上闪烁起来了。它是那么大，那么亮，整个广漠的天幕上只有它在那里放射着令人注目的光辉，活像一盏悬挂在高空的明灯。

夜色加浓，苍空中的“明灯”越来越多了。而城市各处的真的灯火也次第亮了起来，尤其是围绕在海港周围山坡上的那一片灯光，从半空倒映在乌蓝的海面上，随着波浪，晃动着，闪烁着，像一串流动着的珍珠，和那一片片密布在苍(cāng)穹(qióng)[5]里的星斗互相辉映，煞(shà)[6]是好看。

在这幽美的夜色中，我踏着软绵绵的沙滩，沿着海边，慢慢地向前走去。海水，轻轻地抚摸着细软的沙滩，发出温柔的刷刷声。晚来的海风，清新而又凉爽。我的心里，有着说不出的兴奋和愉快。

夜风轻飘飘地吹拂着，空气中飘荡着一种大海和田禾相混合的香味，柔软的沙滩上还残留着白天太阳炙晒的余温。那些在各个工作岗位上劳动了一天的人们，三三两两地来到了这软绵绵的沙滩上，他们浴着凉爽的海风，望着那缀满了星星的夜空，尽情地说笑，尽情地休憩(qì)[7]。

词语解释

［1］橘红：像红色橘子皮那样的颜色。
［2］霍霍：闪动的样子。
［3］绯红：鲜红。
［4］肃穆：严肃而恭敬。
［5］苍穹：天空。
［6］煞：很。
［7］休憩：休息。

作者简介

峻青（原名孙俊卿）

籍贯：山东海阳

生卒年：1922—2019

身份：中国当代作家

代表作：小说《黎明的河边》，散文《秋色赋》《海滨仲夏夜》等

作品赏析

《海滨仲夏夜（节选）》是一篇写景散文，写的是夏天夜晚山东威海的海滨风景。这篇写景散文采用动态描写的方法，从夕阳西下开始写起，一直写到夜色降临。美丽的晚霞、闪亮的启明星、城市的灯光以及清新凉爽的海风都是作家描写的重点。最后一段又写了海滩上休闲的人们，在这美丽的夏日夜晚享受着幸福的生活，点明了文章的主题。

经典名句

夕阳落山不久，西方的天空，还燃烧着一片橘红色的晚霞。大海，也被这霞光染成了红色，而且比天空的景色更要壮观。因为它是活动的，每当一排排波浪涌起的时候，那映照在浪峰上的霞光，又红又亮，简直就像一片片霍霍燃烧着的火焰，闪烁着，消失了。而后面的一排，又闪烁着，滚动着，涌了过来。

诵读指引

《海滨仲夏夜（节选)》整体朗读基调应该比较舒缓、平静。在朗读景色描写的时候，要注意读出动态来。例如第一段“……简直就像一片片霍霍燃烧着的火焰，闪烁着，消失了。而后面的一排，又闪烁着，滚动着，涌了过来”。此处“闪烁着，消失了”可以读得声音小一些，而后面“又闪烁着，滚动着，涌了过来”就要读得快一些，急一些。

苹果树下

G－20

闻捷

（绘图：2018级印度尼西亚学生　谢承良）

苹果树下那个小伙子，
你不要、不要再唱歌；
姑娘沿着水渠走来了，
年轻的心在胸中跳着。
她的心为什么跳啊？
为什么跳得失去节拍？……

春天，姑娘在果园劳作，
歌声轻轻从她耳边飘过，
枝头的花苞（bāo）[1]还没有开放，
小伙子就盼望它早结果。
奇怪的念头姑娘不懂得，

她说：别用歌声打扰我。

小伙子夏天在果园度过，
一边劳动一边把姑娘盯着，
果子才结得葡萄那么大，
小伙子就唱着赶快去采摘。
满腔[2]的心思姑娘猜不着。
她说：别像影子一样缠着我。

淡红的果子压弯绿枝，
秋天是一个成熟季节，
姑娘整夜整夜地睡不着，
是不是挂念那树好苹果？
这些事小伙子应该明白，
她说：有句话你怎么不说？

……苹果树下那个小伙子，
你不要、不要再唱歌；
姑娘踏着草坪过来了，
她的笑容里藏着什么？……
说出那句真心的话吧！
种下的爱情已该收获。

词语解释

［1］花苞：还没有开放的花朵。
［2］满腔：心中充满。

作者简介

闻捷（原名赵文节，曾用名巫之禄）

籍贯：江苏丹徒

生卒年：1923—1971

身份：中国当代诗人

代表作：《生活的赞歌》《天山牧歌》《复仇的火焰》等

作品赏析

《苹果树下》写于20世纪50年代初期，当时正是中华人民共和国成立初期，诗歌风格明朗向上，具有时代精神。《苹果树下》以一对青年男女在苹果园的共同劳动中结成美好爱情为故事线索，赞美了健康、纯朴的爱情。

诗歌第1部分是第1节，写小伙子在苹果树下唱起情歌，等待他心爱的姑娘，而歌声让姑娘的心“跳得失去节拍”。第2部分是第2～4节，分别写了春、夏、秋三个季节：春天，他们在果园劳作，他们的爱情就像苹果树一样萌生了小的果实；夏天，他们在果园继续劳作，爱情的果实也慢慢成长；秋天，爱情终于像苹果一样成熟了。第3部分是第5节，姑娘希望小伙子“说出那句真心的话吧”，因为“种下的爱情已该收获”。

这首诗把爱情的发展和苹果的成熟过程巧妙地结合起来，爱情和劳动互相联系，反映了当时社会的新风尚，情感清新自然。

经典名句

……苹果树下那个小伙子，
你不要、不要再唱歌；
姑娘踏着草坪过来了，
她的笑容里藏着什么？……
说出那句真心的话吧！
种下的爱情已该收获。

诵读指引

《苹果树下》是一首抒情诗，其朗读基调较为欢快。朗读时，以自然口语节奏为主。注意几个问句，要读升调。如：

她的心为什么跳啊？（↑）
为什么跳得失去节拍？……（↑）

姑娘整夜整夜地睡不着，
是不是挂念那树好苹果？（↑）
这些事小伙子应该明白，
她说：有句话你怎么不说？（↑）

她的笑容里藏着什么？……（↑）

提高篇

和[1]子由[2]渑池[3]怀旧[4]

T－1

（宋）苏轼

hóng
人生到处知何似[5]？应似飞鸿[6]踏雪泥[7]。

zhǎo
泥上偶然留指爪，鸿飞那[8]复计东西？

老僧[9]已死成新塔[10]，坏壁[11]无由见旧题。

qí qū jiǎn lǘ sī
往日崎岖[12]还记否，路长人困蹇驴[13]嘶[14]。

（绘图：2017 级泰国学生　苏佩英）

词语解释

［1］和：唱和、附和。和诗要有先后两首诗，第一首为原诗，后来附和的就是和诗，二者之间要有联系，有的要按同一韵写出。

［2］子由：指苏轼的弟弟苏辙，字子由。

［3］渑池：今河南省渑池县。

［4］怀旧：怀念过去的事情。

［5］何似：像什么。

［6］飞鸿：高飞万里的大雁。

［7］雪泥：融化了雪水的泥土。“雪泥鸿爪”指大雁在雪泥上踏过留下的爪印。现在变为一个成语，比喻往事留下来的痕迹。

［8］那：同“哪”。

［9］老僧：指老和尚奉闲。当年苏轼和弟弟进京考试时就借住在老和尚奉闲这里。

［10］新塔：老和尚奉闲的塔墓。古代僧人死后，修塔埋葬骨灰。

［11］坏壁：指奉闲僧舍的墙壁已坏。

［12］崎岖：道路不平。

［13］蹇驴：腿脚不灵便的驴子。

［14］嘶：叫。

古诗今译

人生所到之处你觉得像什么呢？应该像飞鸿踏在雪地上吧。它偶然会在雪地上留下一些脚印，可鸿飞万里，哪会记得那些脚印留在了什么地方？老和尚已经去世，被埋在那座新塔里，僧舍的墙壁已坏，没有机会见到我们以前题的诗了。当年进京考试走过的崎岖道路你还记得吗？路又长，人又困，连跛脚的驴子都累得直叫唤。

作者简介

苏　轼

字、号：字子瞻，号东坡居士

籍贯：眉州眉山（今四川眉山）

生卒年：1037—1101

身份：宋代文学家、书法家、画家

获荣誉称号："唐宋八大家"之一；追赠太师，谥号"文忠"

代表作：诗作《赤壁赋》《题西林壁》等；词作《水调歌头·明月几时有》《念奴娇·赤壁怀古》等

作品赏析

这首诗是苏轼的一首和诗。苏轼这年要去陕西凤翔做官，经过河南渑池时，想起弟弟苏辙曾有《怀渑池寄子瞻兄》一诗，就按照弟弟原诗的韵脚唱和而成。苏辙的原作如下：

相携(xié)话别郑原上，共道长途怕雪泥。归骑还寻大梁陌，行人已度古崤(xiáo)西。

曾为县吏民知否？旧宿僧房壁共题。遥想独游佳味少，无言骓(zhuī)马但鸣嘶。

弟弟在这首诗中回忆了嘉祐三年（1058）的事情，当年他们兄弟二人一起从四川出来，进京考试，曾路过渑池并借住在县里的僧舍，还在墙壁上题了诗。现在，苏轼的和诗就完全用弟弟诗歌的四个韵脚——"泥""西""题""嘶"而写成。

诗歌前四句，诗人巧妙运用比喻，抒发人生的感慨。人生的路途漫长，不得不到处漂泊，就像天上的大雁偶然在雪地上留下的脚印，而大雁要远飞，从来不记得自己所踏下的这些痕迹。诗人创造性地使用了"雪泥鸿爪"这个比喻，十分新奇，又很贴切，因为飞鸿留下的脚印不会永恒，即使当时痕迹明显，也会随着雪水消融，消失不见。这就像我们人生走过了很多地方，留下了诸多记忆，但它们也会不断地发生变化，逐渐淡去。诗歌后四句中所回忆的事情也再次证明了这一点——当年接待他们的老和尚奉闲已死，被埋在了新塔里；当年题过诗的墙壁已坏，再也没机会看见了；而当年我们骑着跛脚驴进京赶考的辛苦你还记得吗？所有的往事都是那么令人惆怅，苏轼发出的人生喟叹悠长而感人。人生路途遥远，我们且行且珍惜吧。

经典名句

人生到处知何似？应似飞鸿踏雪泥。
泥上偶然留指爪，鸿飞那复计东西？

诵读指引

诵读这首诗，首先，要理解诗人想表达的人生哲理，其情感基调比较深沉。其次，要把握好诗歌的节奏，读准难点字的字音。“似”“泥”“西”“题”“嘶”押韵，应读得声韵饱满。

和/子由/渑池/怀旧

人生/到处/知何似？（疑问语气，上行语势）
应似/飞鸿/踏雪泥。（自问自答，读出揣测语气，平行语势）
泥上/偶然/留指爪，（速度适中，平行语势）
鸿飞/那复/计东西？（“计东西”节奏放缓，疑问语气，上行语势）
老僧/已死/成新塔，（语调低沉，读出缅怀惆怅感）
坏壁/无由/见旧题。（语速缓慢，读出物是人非感）
往日/崎岖/还记否，（疑问语气，上行语势）
路长/人困/蹇驴嘶。（语速渐缓，“蹇驴嘶”声音延长，平行语势）

书愤[1]

T－2

（宋）陆游

早岁[2]那[3]知世事艰[4]，中原北望气[5]如山。
楼船[6]夜雪瓜洲[7]渡，铁马[8]秋风大散关[9]。
塞上长城[10]空[11]自许[12]，镜中衰鬓(bìn)[13]已先斑(bān)[14]。
出师一表[15]真名世[16]，千载谁堪(kān)[17]伯仲(zhòng)间[18]！

（绘图：2018 级印度尼西亚学生　谢承良）

词语解释

［1］书愤：书写自己的愤恨之情。书，写。

［2］早岁：年轻时。

［3］那：同“哪”。

［4］世事艰：指抗金的事业多次受到朝廷小人的阻挠破坏。

［5］气：气概。

［6］楼船：高大的战船。

［7］瓜洲：在江苏扬州市南，与镇江隔江相对，是当时的抗金前线。

［8］铁马：披着铁甲的战马。

［9］大散关：在今陕西省宝鸡市西南，是当时宋金对抗的西部前线。陆游曾带兵在此与金兵交战。

［10］塞上长城：比喻能保卫国家的将领。南朝时刘宋的名将檀道济曾自称为“万里长城”。

［11］空：徒然。

［12］自许：自己认为是。

［13］衰鬓：稀疏的头发。

［14］斑：指黑发中夹杂了白发。

［15］出师一表：指三国时蜀国丞相诸葛亮带兵出征前给后主刘禅上的奏章，用以表明自己“北定中原”“兴复汉室，还于旧都”的决心。

［16］名世：名传后世。

［17］堪：能够。

［18］伯仲间：指可以相提并论。伯仲，兄弟间的次序，引申为衡量人物等级。

古诗今译

年轻时哪里知道世事的艰难，我北望中原大地气势如山。雪夜里我渴望乘战船在瓜州渡口杀敌，秋风中我骑战马驰骋在大散关前。想当初我自认为是“万里长城”，而现在镜子中的我已经两鬓斑白。《出师表》真是名不虚传，千百年来谁能跟出师北伐的诸葛亮相提并论！

作者简介

陆　游

字、号：字务观，号放翁

籍贯：越州山阴（今浙江绍兴）

生卒年：1125—1210

身份：宋代诗人

获荣誉称号：宋代爱国诗人

代表作：诗作《示儿》《关山月》等；词作《钗头凤·红酥手》等；《剑南诗稿》等

作品赏析

这首诗是陆游七律诗中的名篇，当时他已经62岁，回到了山阴老家。

首联回首往事，感慨自己年轻时的报国豪情。北方的中原土地都已经被金兵占领，他多么渴望南宋朝廷能收复故土，但世事艰难，其实就是暗指南宋投降派从中阻挠。

颔联回忆自己两次亲自抵抗金兵的战斗经历。雪夜里，他渴望能乘战船进军瓜洲渡口，北上杀敌；秋风中，他骑战马奔驰在大散关，与金兵交战。这一联巧妙地并列了六个名词，没有使用任何动词连接，却给读者以雄奇壮丽之感。

颈联诗意转折，写如今壮志未酬的苦闷。当年自认为是“塞上长城”，坚不可摧，一心要为国家驰骋沙场，可现在已是头白发稀的老翁了。过去和现在相对比，诗人更是满心悲愤，是谁阻挠了他实现报国的心愿？

尾联写诗人内心的期许。诗人借称赞三国时坚持北伐的诸葛亮，又一次表明自己恢复中原的志向，也暗含期待，希望能有人继续北伐。这首诗题目是“书愤”，所以整首诗都是在抒发这位老人再也不能上马杀敌、壮志难以实现的悲愤。

经典名句

楼船夜雪瓜洲渡，铁马秋风大散关。
出师一表真名世，千载谁堪伯仲间！

诵读指引

这首七律诗抒发了诗人内心壮志难以实现的悲愤，诵读前需要先理解、体会诗人的心境。前四句适合采用慷慨激昂的语调，突出诗人的爱国豪情；后四句则要有顿挫，突出诗人的郁闷悲凉之情。

书愤

早岁/那知/世事艰，（语调低沉，语速迟缓，读出沧桑、艰难感）
中原/北望/气如山。（语气坚定，“望”声韵延长，“气如山”重读，读出收复故土的渴望）
楼船/夜雪/瓜洲渡，（速度适中，平行语势）
铁马/秋风/大散关。（上行语势，“大散关”重读，读出豪迈感）
塞上/长城/空自许，（语速放慢，下行语势）
镜中/衰鬓/已先斑。（语速偏慢，读出悲愤、凝重感）
出师/一表/真名世，（语速加快，“真名世”重读，上行语势）
千载/谁堪/伯仲间！（语气坚定，“伯仲间”重读，声音延长）

蜀相[1]

T－3

（唐）杜甫

cí　　　　　　　　　　　　　bǎi
丞相祠堂何处寻？锦官城[2]外柏森森。
　　　　　　　　　　　　　lí
映阶碧草自春色，隔叶黄鹂空好音。
　　pín
三顾频烦天下计[3]，两朝开济[4]老臣心。
　　jié　　　　　　　　　　jīn
出师未捷身先死[5]，长使英雄泪满襟[6]。

（绘图：2017 级老挝学生　李莹珍）

词语解释

［1］蜀相：诸葛亮，三国时期蜀国的丞相。

［2］锦官城：成都的别称。

［3］三顾频烦天下计：相传刘备曾经三次来到诸葛亮家中，向他征求统一天下的计策。

［4］两朝开济：诸葛亮曾经辅佐刘备和刘禅父子开创和治理蜀国。开济，意思是开创和扶助。

［5］出师未捷身先死：诸葛亮多次带领军队讨伐魏国，还没有取得成功就去世了。

［6］泪满襟：眼泪打湿了衣服。

古诗今译

去哪里寻找诸葛亮丞相的祠堂呢？在成都城外郁郁葱葱的翠柏中。绿草衬着台阶显出春色，黄鹂鸟在树叶间唱出美妙的歌声。当年刘备曾三顾茅庐向诸葛亮求教统一天下的计策，诸葛亮也曾为开创和治理蜀国立下功劳。诸葛亮未能取得出师的胜利就去世了，这常常让后世的英雄感慨而泪湿衣襟。

作者简介

杜　甫

字、号：字子美，自称少陵野老，世称杜少陵、杜工部

籍贯：河南巩县（今河南巩义）

生卒年：712—770

身份：曾任检校工部员外郎，唐代现实主义诗人

获荣誉称号：“诗圣”；与李白并称“李杜”；其诗作人称“诗史”

代表作：诗作《春望》《北征》等；“三吏”“三别”；《杜工部集》

作品赏析

在三国时期，诸葛亮曾经是蜀国的丞相，帮助刘备开创和建立了蜀国，又帮助刘备的儿子刘禅稳定了蜀国。诸葛亮还六次率领军队去讨伐北方的魏国，但是没有取胜就去世了。

《蜀相》是咏史诗。760 年，杜甫来到成都游览当时的诸葛亮庙（就是武侯祠）时，想到历史上诸葛亮的事迹，就写下了这首诗。诗歌前四句先写武侯祠的地点和景色，第五、六句写诸葛亮的功绩，最后两句是千古名句，诸葛亮“出师未捷身先死”，使得后世的英雄想起诸葛亮就感受到人生的遗憾。

经典名句

出师未捷身先死，长使英雄泪满襟。

诵读指引

这首诗思想感情比较深沉，尤其是最后两句有一种悲伤遗憾的感情，读的时候要适当拖长声调。具体节奏如下：

蜀相

丞相/祠堂/何处寻？（语速缓，读出疑问语气）
锦官/城外/柏森森。（自问自答，“柏森森”声音延长，平行语势）
映阶/碧草/自春色，（写景，客观叙述语气）
隔叶/黄鹂/空好音。（写景，客观叙述语气）
三顾/频烦/天下计，（语速加快，上行语势）
两朝/开济/老臣心。（“老臣心”重读，声音延长，读出持重之感）
出师/未捷/身先死，（“身先死”重读，上行语势）
长使/英雄/泪满襟。（语速变缓，语调低沉，“泪满襟”声音延长，读出悲伤遗憾之感）

钱塘湖[1]春行

T-4

（唐）白居易

孤山寺北贾亭西[2]，水面初平云脚低[3]。

几处早莺[4]争暖树，谁家新燕[5]啄(zhuó)春泥。

乱花渐欲迷人眼，浅草才能没(mò)马蹄(tí)[6]。

最爱湖东行不足，绿杨阴[7]里白沙堤(dī)。

（绘图：2017级印度尼西亚学生　康惠菁）

词语解释

［1］钱塘湖：杭州西湖。

［2］孤山寺北贾亭西：在孤山寺北面和贾亭的西面。孤山寺和贾亭都是西湖附近的地方。

［3］云脚低：天上的云很低的样子。

［4］早莺：春天刚来的黄鹂鸟。

［5］新燕：春天刚来的燕子。

［6］没马蹄：盖住或者遮住马蹄。

［7］阴：同“荫”，树荫的意思。

古诗今译

在孤山寺的北面和贾亭的西面，湖水涨得和岸边齐平了，在天边有白云低垂着。早春的黄鹂飞向那些面向太阳的树枝，新春的燕子开始啄泥来筑巢。五颜六色的鲜花盛开，让人眼都迷住了；青草生长，刚好能遮住马蹄。西湖东边的风景让人舍不得离开，最喜欢的是绿色杨树树荫里的白沙堤。

作者简介

白居易

字、号：字乐天，号香山居士，又号醉吟先生

籍贯：山西太原

生卒年：772—846

身份：唐代现实主义诗人、翰林学士

获荣誉称号：“诗魔”“诗王”

代表作：《长恨歌》《琵琶行》《卖炭翁》等

作品赏析

《钱塘湖春行》是一首著名的写景诗歌，是白居易担任杭州刺史时写的。诗歌描写的是杭州西湖（就是钱塘湖）春天的景色：春雨之后，湖水上涨，天上白云低垂；树丛和房屋中有黄鹂和燕子飞来飞去；春天花儿朵朵，青草丛中，诗人骑马走过；看着湖边的景色，杨树掩映下的白沙堤是诗人的最爱。

诗句中有很多形容词和动词都用得非常恰当，比如“早莺”的“早”字与“新燕”的“新”字都形容初春鸟儿的样子；“迷人眼”的“迷”字和“没马蹄”的“没”字写出了春天的美丽——让人看不完的五彩缤纷的鲜花，还有刚刚没过马蹄的青草。

经典名句

几处早莺争暖树，谁家新燕啄春泥。
乱花渐欲迷人眼，浅草才能没马蹄。

诵读指引

这首诗描写春天的景色，表达诗人对西湖春景的喜爱之情。读的时候注意节奏明快，语调轻松愉快。“西”“低”“泥”“蹄”“堤”押韵，应读得声韵饱满。

钱塘湖/春行

孤山/寺北/贾亭西，（语调轻快，上行语势）
水面/初平/云脚低。（语调轻快，“低”轻读，平行语势）
几处/早莺/争暖树，（语调轻快，“争暖树”重读，声音延长，下行语势）
谁家/新燕/啄春泥。（语速由快到慢，“啄春泥”重读，声音延长，下行语势）
乱花/渐欲/迷人眼，（语调轻快，“迷人眼”重读，声音延长，上行语势）
浅草/才能/没马蹄。（语速由快到慢，“没马蹄”重读，声音延长，下行语势）
最爱/湖东/行不足，（语调轻快，上行语势）
绿杨/阴里/白沙堤。（语速由快到慢，“白沙堤”重读，声音延长，平行语势）

（绘图：2017 级印度尼西亚学生　郭钱玲）

诗经·木瓜

T-5

投[1]我以木瓜，报之以琼(qióng)[2]琚(jū)[3]。匪(fěi)报也，永以为好(hǎo)也！

投我以木桃，报之以琼瑶(yáo)[4]。匪报也，永以为好也！

投我以木李，报之以琼玖(jiǔ)[5]。匪报也，永以为好也！

（绘图：华教系教师　王琪阳）

词语解释

[1] 投：送。

[2] 琼：美玉。

［3］琚：佩玉。
［4］瑶：美玉。
［5］玖：浅黑色的玉。

古诗今译

你送给我木瓜，我回报你美玉。不单是为回报，是为求永相好。
你送给我木桃，我回报你琼瑶。不单是为回报，是为求永相好。
你送给我木李，我回报你琼玖。不单是为回报，是为求永相好。

作品赏析

中国是一个礼仪之邦，来而不往非礼也，这是人与人之间交往的行为准则，男女交往也应遵守这一准则。“投我以木瓜，报之以琼琚。匪报也，永以为好也！”尽管你送我的仅仅是木瓜，而我却回报你美玉。正如俗话所说：“滴水之恩，当涌泉相报。”在这里，礼物已成为一种象征，它本身的价值已不重要，重要的是它是两心相许、两情相悦的反映。这首诗旨在宣扬中华民族的传统美德——感恩，成语“投木报琼”正出自这首古诗。

经典名句

投我以木瓜，报之以琼琚。

诵读指引

这首诗打破了《诗经》惯用的四言句式，而以五言为主，中间夹杂一个三言的独特句式，一唱三叹，朗读时要注意读出这种跌宕有致的韵味。具体节奏如下：

诗经·木瓜

投我/以木瓜，报之/以琼琚。匪/报也，永以/为好/也！
投我/以木桃，报之/以琼瑶。匪/报也，永以/为好/也！
投我/以木李，报之/以琼玖。匪/报也，永以/为好/也！

诗经·子衿

T－6

青青子衿(jīn)[1]，悠悠[2]我心。纵我不往，子宁(nìng)[3]不嗣(sì)音[4]？

青青子佩(pèi)[5]，悠悠我思。纵我不往，子宁不来？

挑(tāo)兮达(tà)兮[6]，在城阙(què)[7]兮。一日不见，如三月兮。

(绘图：2018 级马来西亚学生　林学瑾)

词语解释

[1] 子衿：周代读书人的服装。子，古代对男子的美称。衿，衣领。
[2] 悠悠：这里是形容忧思不断的样子。
[3] 宁：难道。
[4] 嗣音：传音讯。嗣，通“贻”，意思是给、寄。
[5] 佩：这里是指系佩玉的绶带。
[6] 挑兮达兮：独自走来走去。
[7] 城阙：城门两边的观楼。

古诗今译

青青的是你的衣领，悠悠的是我的心思。纵然我不曾去会你，难道你就不给我音信？
青青的是你的佩带，悠悠的是我的思念。纵然我不曾去找你，难道你就不能主动来？
我独自走来又走去，在这高高的城楼上。一天不见你的面啊，就好像有三月那么长！

作品赏析

这是一首情歌，写一位热恋中的女子在城楼上等候她的恋人。她与恋人相约在城阙见面，望眼欲穿，焦急地来回走动。“纵我不往，子宁不嗣音?”“纵我不往，子宁不来?”久等不至，她不由得开始埋怨起情人来，怪他不捎信来，怪他不来赴约。“一日不见，如三月兮”则直接表达了她浓浓的思恋之情。

诗歌意境优美，在心理描写方面成就斐然，淋漓尽致地展现了女主人公相思之极的心理活动，当望穿秋水、不见对方时，浓浓的爱意不由得转化为惆怅与幽怨；当久候恋人而不至时，心烦意乱地来回走动，觉得虽然只是一天未见，却好像分别了三个月那么漫长。这首诗歌将一位热恋中的女子等待恋人时焦灼万分的状态表现得惟妙惟肖，宛如在眼前，是中国文学史上描写相思之情的经典作品。

《诗经》中的爱情诗很多，这首具有一定的代表性，它体现了《诗经》时代女性在爱情上独立、自主和平等的精神，女主人公敢于大胆表达自己对情人的思念，非常难能可贵。

经典名句

青青子衿，悠悠我心。纵我不往，子宁不嗣音？
一日不见，如三月兮。

诵读指引

这是一首表达相思之情的爱情诗，其感情基调是思念、惆怅与幽怨，朗读时注意把握好节奏。具体节奏如下：

诗经·子衿

青青/子衿，悠悠/我心。（节奏略慢，“青青”“悠悠”两个叠音词读出音乐感，抒发思念之情）

纵我/不往，子宁/不嗣音？（读出反问语气，埋怨之意味）

青青/子佩，悠悠/我思。（节奏略慢，“青青”“悠悠”两个叠音词读出音乐感，抒发思念之情）

纵我/不往，子宁/不来？（读出反问语气，埋怨之意味）

挑兮/达兮，在/城阙兮。（节奏略快，读出焦急等待之感）

一日/不见，如/三月兮。（节奏略慢，读出无尽思念之情）

江城子·乙卯[1]正月二十日夜记梦

T－7

（宋）苏轼

十年[2]生死两茫茫，不思量[3]，自难忘。千里[4]孤坟（fén）[5]，无处话凄凉。纵使相逢应不识，尘满面，鬓（bìn）如霜。

夜来幽梦[6]忽还乡，小轩（xuān）[7]窗，正梳妆。相顾[8]无言，惟有泪千行。料得年年肠断处，明月夜，短松[9]冈。

（绘图：2017级拉脱维亚学生　张思晶）

词语解释

［1］乙卯：1075 年，即北宋熙宁八年。

［2］十年：这里是指苏轼的结发妻子王弗去世已经十年。

［3］思量：想念。

［4］千里：王弗葬在四川眉山，苏轼当时在山东密州任职，两地相隔遥远，故称“千里”。

［5］孤坟：指其妻王弗之墓。

［6］幽梦：形容梦境隐约。

［7］轩：门窗。

［8］顾：看。

［9］短松：矮松。

古词今译

你我生死诀别已经整整十年，我强忍着不去思念，却终究难以忘怀。你的孤坟远在千里之外，我没有地方诉说心中的悲伤凄凉。即使相逢，恐怕你也认不出我来了，这些年四处奔波的我早已是灰尘满面、两鬓如霜。

昨夜梦中我又回到了家乡，看见你正在小窗前对镜梳妆。我俩默然相对，说不出话，只有泪落千行。料想你年年都为我柔肠寸断，在那凄清寒冷的月明之夜，在那荒凉寂寞的短松冈上。

作者简介

苏　轼

字、号：字子瞻，号东坡居士

籍贯：眉州眉山（今四川眉山）

生卒年：1037—1101

身份：宋代文学家、书法家、画家

获荣誉称号：“唐宋八大家”之一；追赠太师，谥号“文忠”

代表作：诗作《赤壁赋》《题西林壁》等；词作《水调歌头·明月几时有》《念奴娇·赤壁怀古》等

作品赏析

这是苏轼的一首著名的悼亡词，1075 年正月二十日，这是一千年前的一个冬夜，苏轼做了一个梦，梦见了自己过世十年之久的发妻，当年这位妻子陪伴着苏轼步入仕途时，曾给予他很多为人处世方面的帮助，两人感情深厚，因此，正如词中所言：“十年生死两茫茫，不思量，自难忘”，尽管不去想，却怎么也忘不了。妻子离去这十年来，苏轼仕途一直不顺，内心多少有些苍凉之感，因此他说：“千里孤坟，无处话凄凉。纵使相逢应不识，尘满面，鬓如霜。”可见妻子曾经是他的知己，可是孤坟远在千里之外，如今自己连“话凄凉”的地方都没有了。

下片描写了妻子在梦中的情态，“小轩窗，正梳妆”，在苏轼的心目中，妻子的形象永远定格在当年结婚未久的少妇时期，是那样的亲切而熟悉。“相顾无言，惟有泪千行”，久别重逢，千言万语竟然不知从何说起，只有任凭泪水掉落。可见俩人都不容易！结拍“料得年年肠断处，明月夜，短松冈”，苏轼不说自己不容易，只说妻子的悲苦，这番痴情苦心着实感人至深。

经典名句

十年生死两茫茫，不思量，自难忘。

诵读指引

这是苏轼写给死去十年的发妻的一首悼亡词，感情基调极其沉痛凄楚，朗读时要注意节奏缓慢，语调低沉凝重，读出无尽哀思之情。具体节奏如下：

江城子·乙卯/正月/二十日/夜/记梦

十年生死/两茫茫，不/思量，自/难忘。千里/孤坟，无处/话凄凉。纵使相逢/应不识，尘/满面，鬓/如霜。

夜来幽梦/忽还乡，小/轩窗，正/梳妆。相顾/无言，惟有/泪千行。料得年年/肠断处，明月/夜，短/松冈。

定风波[1]·莫听穿林打叶声

T－8

（宋）苏轼

三月七日，沙湖[2]道中遇雨。雨具先去，同行皆狼狈[3]，余独不觉，已而[4]遂晴，故作此词。

莫听穿林打叶声[5]，何妨吟啸[6]且徐行。竹杖芒鞋[7]轻胜马，谁怕？一蓑(suō)[8]烟雨任平生。

料峭(qiào)[9]春风吹酒醒，微冷，山头斜照[10]却相迎。回首向来[11]萧瑟[12]处，归去，也无风雨也无晴。

（绘图：华教系教师　王琪阳）

词语解释

［1］定风波：词牌名，又名“定风流”“定风波令”“卷春空”“醉琼枝”等。
［2］沙湖：在今天的湖北黄冈东南三十里，又名螺丝店。
［3］狼狈：形容进也不是退也不是的困顿窘迫的样子。
［4］已而：过了一会儿。
［5］穿林打叶声：指大雨点穿过树林打在树叶上的声音。
［6］吟啸：放声吟咏。
［7］芒鞋：指草鞋。
［8］蓑：蓑衣，用棕制成的雨衣。
［9］料峭：形容微寒的样子。
［10］斜照：斜阳，指偏西的阳光。
［11］向来：刚才。
［12］萧瑟：这里是指风雨吹打树叶的声音。

古词今译

三月七日，（我）在沙湖道上行走时遇上了下雨，拿着雨具的仆人先行离开了，同行的人都觉得很狼狈，只有我不这么觉得。过了一会儿，天晴了，于是作了这首词。

不用在意那穿林打叶的雨声，何妨大声吟唱着从容前行。拄竹杖和穿草鞋，走得比骑马还轻便，有什么可怕的呢？哪怕就这样披着蓑衣在风雨里任凭风吹雨打，也照样过我的一生。

微凉的春风吹醒了我的酒意，感到有些冷，初晴的斜阳却从山头上迎面照射下来。回头望那一路走来风雨萧瑟的地方，我信步归去，不管它是风雨还是晴。

作者简介

苏　轼

字、号：字子瞻，号东坡居士

籍贯：眉州眉山（今四川眉山）

生卒年：1037—1101

身份：宋代文学家、书法家、画家

获荣誉称号：“唐宋八大家”之一；追赠太师，谥号“文忠”

代表作：诗作《赤壁赋》《题西林壁》等；词作《水调歌头·明月几时有》《念奴娇·赤壁怀古》等

作品赏析

这首词作于苏轼被贬到黄州之后的第三个春天，作品记录了苏轼与朋友们的一次出游经历。词人与朋友们结伴出游，不料行至半道，风雨忽至，朋友们都深感狼狈，而他却毫不在乎，依然吟咏自若，缓步而行。

与其把这首词视为一首记游词，不如将之视为苏轼的人生感怀词。“莫听穿林打叶声，何妨吟啸且徐行”，这分明就是词人身处逆境之中的人生宣言，不要在乎那官场的黑暗，我们犹可唱着歌儿从容前行。“竹杖芒鞋轻胜马，谁怕？”显然不是写实，而是继续写自己挑战逆境的心态。可见在历经了政治上的风风雨雨后，苏轼非但没有被击垮，反而更加坚强，他甚至喊出了“一蓑烟雨任平生”这样的豪言壮语，足见其旷达超脱的胸襟。结拍“回首向来萧瑟处，归去，也无风雨也无晴”，饱含哲理，归去之后，看刚才刮风下雨的地方，哪里有什么风雨？又哪里有什么晴？那所谓的风雨、所谓的晴，不过是我们心中的幻象罢了。这是苏轼对人生的彻悟，是一种人生的大境界，是一种了悟宇宙、人生之后的大超越。

全词即景生情，借外出途中遇雨这一小事，抒写人生感悟，反映出苏轼崇高的人格境界。这首词韵味无穷，令人深思。

经典名句

回首向来萧瑟处，归去，也无风雨也无晴。

诵读指引

这是一首豪放词，其感情基调是旷达，朗读时要注意把握节奏。具体节奏如下：

定/风波·莫听/穿林/打叶/声

莫听/穿林/打叶声，何妨/吟啸/且徐行。竹杖/芒鞋/轻胜马，谁怕？一蓑/烟雨/任平生。

料峭春风/吹酒醒，微冷，山头斜照/却相迎。回首向来/萧瑟处，归去，也无风雨/也无晴。

《孟子》选读

T－9

（战国）孟子

鱼，我所欲也

鱼，我所欲[1]也；熊掌，亦[2]我所欲也。二者不可得兼[3]，舍[4]鱼而取熊掌者也。生，亦我所欲也；义，亦我所欲也。二者不可得兼，舍生而取义者也。生亦我所欲，所欲有甚于[5]生者，故不为苟得[6]也；死亦我所恶[7]，所恶有甚于死者，故患有所不辟[8]也。

（绘图：2017 级柬埔寨学生　郑立兴）

词语解释

［1］欲：想要。
［2］亦：也。
［3］得兼：能得到两种东西。

［4］舍：不要，舍弃。
［5］有甚于：有比……还……
［6］苟得：用不正当的方法来取得。
［7］恶：厌恶。
［8］辟：通“避”，避开，躲避。

古文今译

鱼是我所想要的，熊掌也是我所想要的。如果不能同时得到这两个东西，那我愿意舍弃鱼，而选取熊掌。生命是我所想要的，正义也是我所想要的。如果不能同时得到这两个东西，那我愿意舍弃生命，而选取正义。生命也是我想要的东西，但是我想要的有比生命更重要的东西，所以我不能用不正当的手法来苟且偷生；死亡也是我厌恶的，但是我厌恶的有超过死亡的东西，所以即使有灾患我也不躲避。

作者简介

孟　子

字、号：名轲

籍贯：战国中期鲁国邹（今山东邹城东南）

生卒年：约前 372—前 289

身份：战国思想家、政治家、教育家，孔子学说的继承者，儒家的重要代表人物

获荣誉称号：被称为“亚圣”；和孔子合称为“孔孟”

代表作：《孟子》

作品赏析

《鱼，我所欲也》出自《孟子·告子上》，论述了舍生取义的道理。这段论述开头用了一个比喻，以对鱼和熊掌之间的取舍，来比喻生和义的取舍。生命虽然珍贵，是人所想要的，但是如果要在生命和正义之间取舍选择，那就要舍生取义。

孟子的论证直截了当，把生命和正义之间的关系讲得十分清楚。这段话鼓励了后世无数的仁人志士，在面临正义的时候能够勇敢地舍生取义，为正义而牺牲生命。

经典名句

鱼，我所欲也；熊掌，亦我所欲也。二者不可得兼，舍鱼而取熊掌者也。

生，亦我所欲也；义，亦我所欲也。二者不可得兼，舍生而取义者也。

诵读指引

朗读的时候要注意感情充沛，节奏分明，表达鲜明的立场；还要注意单字成句的“鱼”“熊掌”“生”“义”要稍微停顿。

《庄子》选读

T－10

（战国）庄子

庄周梦蝶

昔者[1]庄周[2]梦为胡蝶[3]，栩栩（xǔ xǔ）然[4]胡蝶也。自喻[5]适志[6]与，不知周也。俄然[7]觉，则蘧蘧（qú qú）[8]然周也。不知周之梦为胡蝶与，胡蝶之梦为周与？周与胡蝶，则必有分矣。此之谓物化[9]。

（绘图：华教系教师　王琪阳）

词语解释

［1］昔者：从前。
［2］庄周：庄子。
［3］胡蝶：蝴蝶。
［4］栩栩然：活泼生动的样子。
［5］喻：觉得。
［6］适志：舒适自得。
［7］俄然：忽然。
［8］蘧蘧：这里是指被惊醒之后的样子。
［9］物化：人和自然的事物融为一体。

古文今译

从前我曾经在梦中梦见自己变成了蝴蝶，是一只生动活泼的蝴蝶。我自己觉得变成蝴蝶后悠然自在，完全不知道自己就是庄周了。忽然，我醒了，又惶然地发现自己是庄周了。真不知道我是在梦中变成了蝴蝶，还是蝴蝶在梦中变成了我呢？庄周和蝴蝶一定是有不同的。在这个梦里则是物化的表现。

作者简介

庄　子

字、号：字子休，名周

籍贯：战国时宋国蒙（今河南商丘东北民权县）

生卒年：约前 369—前 286

身份：中国古代思想家、哲学家、文学家，道家思想的主要代表人物

获荣誉称号：诏封为南华真人；与老子并称“老庄”

代表作：《庄子》

作品赏析

《庄周梦蝶》出自《庄子・齐物论》。“齐物论”的意思大概是说世界万物都是相同的，万物之间没有高低、贵贱、美丑、善恶的区别。因为高的可能会变成低的，低的也可能变成高的，贵贱、美丑和善恶等都是如此，所以万物的区别都是暂时的。

在这个故事中，庄周梦见自己是一只自由自在的蝴蝶，醒后却发现自己是庄周。那么，是庄周在梦里变成了蝴蝶，还是蝴蝶在梦里变成了庄周？是庄周在做梦，还是蝴蝶在做梦？这个故事并没有告诉我们答案。只是最后一句话说这就是“物化”，意思是说庄周或者蝴蝶二者之间没有区别，互相之间是可以变化的——庄周可以变成蝴蝶，蝴蝶也可以变成庄周。

经典名句

昔者庄周梦为胡蝶，栩栩然胡蝶也。

不知周之梦为胡蝶与，胡蝶之梦为周与？

诵读指引

朗读时整体语速适中，客观陈述语气，要注意几个反问句，“不知周之梦为胡蝶与”“胡蝶之梦为周与”要读升调。

MPR 出版物链码使用说明

本书中凡文字下方带有链码图标“══”的地方，均可通过“泛媒关联”App 的扫码功能或“泛媒阅读”App 的“扫一扫”功能，获得对应的多媒体内容。

您可以通过扫描下方的二维码下载“泛媒关联”App、“泛媒阅读”App。

“泛媒关联”App **链码扫描操作步骤**：

1. 打开“泛媒关联”App；
2. 将扫码框对准书中的链码扫描，即可播放多媒体内容。

“泛媒阅读”App **链码扫描操作步骤**：

1. 打开“泛媒阅读”App；
2. 打开“扫一扫”功能；
3. 扫描书中的链码，即可播放多媒体内容。

扫码体验：

二十四节气歌　　　夜宿山寺